KB199361

김선생
중등국어
어휘력
연습장
A단계

펴내며

국어가 어려운 이유는 어휘력이 부족하기 때문입니다.
어휘력이 늘어나면 국어뿐만 아니라 다른 과목의 이해도 수월해집니다.

이 책은 관용구, 고사성어, 고유어, 속담, 교과 연계 어휘들로 구성하였습니다.
필수 어휘를 학습할 수 있도록 해두었으며
어렵고 생소한 단어들도 알기 쉽도록 하였습니다.

매일 정해진 분량씩 규칙적으로 학습하며
틀린 부분은 오답노트에 작성하도록 합니다.

모든 공부의 가장 기초이자 기본인 어휘!
어휘 공부에 관심을 가지고
꾸준히 단계를 밟아 나가며
수준 높은 어휘 실력을 쌓을 수 있기를 바랍니다.

목차

제1강

다음 빈칸에 공통으로 들어갈 알맞은 말을 쓰시오.

1) ㅎ ㄴ 수 없이

▶ 어쩔 방법이나 도리 없이.

예) _____ 수 없이 먼 길을 돌아서 가기로 했다.

2) 한 [ ] 로 흘리다.

▶ 듣고도 마음에 두지 아니하고 무시하다.

예) 몹시 속상했지만 한 ____로 흘려버리는 수밖에 없었다.

3) ㅂ [ ] 와 같다.

▶ 매우 넓거나 깊다는 뜻.

예) 진정 어머니의 사랑은 _____와 같았다.

4) ㄷ ㄹ 이 아니라

▶ 다른 까닭이 있는 게 아니라

예) _____이 아니라 이 물건을 전해드리고자 합니다.

5) ㅂ ㄷ 을 걸다.

▶ 어떤 일을 할 태세를 갖추거나 어떤 일을 하도록 부추기다.

예) 아무래도 그 일을 시작하기 위해 _____을 거는 모양이다.

6) ㅊ ㅂ ㄹ 을 일으키다.

▶ 차갑고 냉담한 태도를 드러내다.

예) 시종일관 군은 표정으로 _____을 일으키고 있었다.

날짜 :

맞힌 개수 :

빈칸에 알맞은 말을 쓰시오.

1) 권 서 ㅈ ㅇ (勸善懲惡)

▶ 착한 일을 권장하고 악한 일을 징계함.

2) 마 ㅁ ㄱ (莫無可奈)

▶ 달리 어찌할 수 없음.

3) 서 ㅇ ㅅ (纖纖玉手)

▶ 가냘프고 고운 여자의 손을 이르는 말.

4) ㄱ ㅅ 서 어 (故事成語)

▶ 옛이야기에서 유래한, 한자로 이루어진 말.

5) ㄱ 과 ㅅ (改過遷善)

▶ 지난날의 잘못이나 허물을 고쳐 올바르고 착하게 됨.

6) ㅂ ㅅ 지 (背水陣)

▶ ① 강이나 바다를 등지고 치는 진. 중국 한나라의 한신이 강을 등지고 진을 쳐서 병사들이 물러서지 못하고 힘을 다하여 싸우도록 하여 조나라의 군사를 물리쳤다는 데서 유래한다.
② 어떤 일을 성취하기 위하여 더 이상 물러설 수 없음을 비유적으로 이르는 말.

날짜 :

맞힌 개수 :

빈칸에 알맞은 말을 쓰고 문장을 지으시오.

1)

▶ 비를 머금은 검은 조각구름.

작문)_____

2)

▶ 어떤 성품이나 능력, 운명 따위를 선천적으로 가지고 태어나다.

작문)_____

3)

▶ 하루라도 빨리.

작문)_____

4)

▶ 반죽이나 밥, 떡 따위가 끈기가 많다.

작문)_____

5)

▶ 손아귀에 잡아 쥐는 힘.

작문)_____

6)

▶ ① 몹시 매섭고 독한 바람. ② 아주 혹독한 박해를 비유적으로 이르는 말

작문)_____

빈칸에 알맞은 말을 쓰시오.

1) 품 안의 [|ㅅ]

▶ 자식이 어렸을 때는 부모의 뜻을 따르지만 자라서는 제 뜻대로 행동하려 함을 비유적으로 이르는 말

2) [마| |르] 골목이 되면 돌아선다.

▶ 일이 막다른 지경에 이르면 또 다른 방책이 생긴다는 말.

3) 마른하늘에 [나| |락]

▶ 뜻하지 아니한 상황에서 뜻밖에 입는 재난을 이르는 말.

4) 바늘구멍으로 [ㅎ| |ㄴ] 보기

▶ 조그만 바늘구멍으로 넓디넓은 하늘을 본다는 뜻으로, 전체를 포괄적으로 보지 못하는 매우 좁은 소견이나 관찰을 비꼬는 말.

5) [|ㄱ|나] 팔자

▶ 날 때부터 지니고 있어서 평생 동안 작용하는 좋거나 나쁜 운수를 이르는 말.

6) [ㅊ] 치고 [ㅍ] 친다.

▶ ① 무슨 일에나 당당하게 덤비어 잘 해결함을 비유적으로 이르는 말.
② 지나치게 제 마음대로 이리저리 마구 휘두름을 비유적으로 이르는 말.

날짜 :

맞힌 개수 :

빈칸에 알맞은 말을 쓰시오.

1) 여러가지 혜택이 그곳에 편□ 되어 있다.

▶ 한쪽으로 치우침.

2) 그해 여름 결국 그는 ㅊ□ 을 당하고 말았다.

▶ 일정한 지역이나 조직 밖으로 쫓아냄.

3) 설탕물의 ㄴ□ 가 너무 진한 것 같다.

▶ 용액 따위의 진함과 묽음의 정도.

4) 그 주장은 타□ 서□ 이 있다.

▶ 사물의 이치에 맞는 옳은 성질.

5) ㅁ□ 지□ 을 제거한 식품입니다.

▶ 무기 화합물의 성질. 또는 그 성질을 가진 물질. 주로 생명체의 골격, 조직, 체액 따위에 포함되어 있는 칼슘 · 인 · 물 · 철 · 아이오딘 따위를 말한다.

6) 먼저 ㅅ□ 에 대하여 정확히 파악하는 것이 급선무입니다.

▶ 어떤 재화나 용역을 일정한 가격으로 사려고 하는 욕구.

날짜 :

맞힌 개수 :

빈칸에 알맞은 말을 쓰시오.

7) 이 방법은 병을 | ㅊ | | 하는데 매우 효과적입니다.

▶ 치료하여 병을 낫게 함.

8) | ㅎ | ㅈ | 인사를 드리지 못하고 떠나 안타까웠다.

▶ 먼 길을 떠날 때 웃어른께 작별을 고하는 것.

9) 그의 | ㅂ | | 하 | 능력이 많은 사람들을 놀라게 하였다.

▶ 보통 수준보다 훨씬 뛰어나다.

10) 위 사항을 | 차 | ㅈ | 하세요.

▶ 참고로 비교하고 대조하여 봄.

11) 컴퓨터를 | ㅂ | ㅌ | 해라.

▶ 컴퓨터를 시동하거나 재시동하는 작업. 웜부팅, 콜드부팅, 리부팅 따위가
   있다.

12) 놀랍게도 그는 그 사실을 | 더 | | ㅎ | 받아들였다.

▶ 특별한 감정의 동요 없이 그저 예사롭게.

날짜 :

맞힌 개수 :

빈칸에 알맞은 말을 쓰시오.

(1)	(2)				(5)
			(3)		
		(4)			
(6)			(7)		
			(8)		

가로 풀이

(1) 뜻밖에 당하는 불행이나 재앙 따위를 비유적으로 이르는 말.
(4) 관계나 관련이 있음.
(6) 착한 일을 권장하고 악한 일을 징계함.
(8) 거두어들여서 가짐.

세로 풀이

(2) 관아에 나가서 나랏일을 맡아 다스리는 자리. 또는 그런 일. 구실보다 높은 직이다.
(3) 감각, 경험, 연상, 판단, 추리 따위의 사유 작용을 거치지 아니하고 대상을 직접적으로 파악하는 작용.
(5) 사물의 이치에 맞는 옳은 성질.
(7) 물을 퍼붓듯이 세게 내리는 비.

날짜 :

맞힌 개수 :

다음 빈칸에 공통으로 들어갈 알맞은 말을 쓰시오.

1) ㅊ ☐ 의 꿈

▶ 입신출세하려는 꿈을 비유적으로 이르는 말.

예) 그녀는 _____의 꿈을 안고 상경했다.

2) 코 튀듯

▶ 몹시 화가 나서 펄펄 뛰는 모양을 비유적으로 이르는 말

예) 그 전화를 받고 그는 _____ 튀듯 야단이다.

3) ㅁ ㄹ ☐ 라 을 맞다.

▶ 갑자기 뜻밖의 재난을 당하다.

예) _____을 맞고 정신이 없다.

4) 저 ☐ 토 에 불이 나다.

▶ 전화가 쉴 새 없이 계속 쓰이다.

예) 어제 그 일 때문에 _____에 불이 난다.

5) 사 ☐ 같은 머리

▶ 숱이 많고 긴 머리.

예) 그녀는 _____ 같은 머리를 묶었다.

6) 아 ㄷ 가 맞다.

▶ 이야기 따위가 이치에 맞고 조리가 있다.

예) _____가 맞지 않는 말에 불과했다.

날짜 :

맞힌 개수 :

빈칸에 알맞은 말을 쓰시오.

1) | 파 | 라 | 만 | 장 | (波瀾萬丈)

▶ 사람의 생활이나 일의 진행이 여러 가지 곡절과 시련이 많고 변화가 심함.

2) | 다 | | 익 | 선 | (多多益善)

▶ 많으면 많을수록 더욱 좋음. 중국 한나라의 장수 한신이 고조와 장수의 역량에 대하여 얘기할 때, 고조는 10만 정도의 병사를 지휘할 수 있는 그릇이지만, 자신은 병사의 수가 많을수록 잘 지휘할 수 있다고 한 말에서 유래한다.

3) | 배 | 년 | | 계 | (百年大計)

▶ 먼 앞날까지 미리 내다보고 세우는 크고 중요한 계획.

4) | 아 | 전 | 인 | 수 | (我田引水)

▶ 자기 논에 물 대기라는 뜻으로, 자기에게만 이롭게 되도록 생각하거나 행동함을 이르는 말.

5) | 다 | 사 | | 망 | (多事多忙)

▶ 일이 많아 몹시 바쁨.

6) | 마 | 이 | 동 | 풍 | (馬耳東風)

▶ 동풍이 말의 귀를 스쳐 간다는 뜻으로, 남의 말을 귀담아듣지 아니하고 지나쳐 흘러버림을 이르는 말.

빈칸에 알맞은 말을 쓰고 문장을 지으시오.

1)

▶ 다리 힘이 없어 내딛는 것이 무겁다.

작문)_____

2)

▶ ① 언제까지나 줄곧. ② 부족함이 없이 실컷. ③ 보통의 정도를 넘어 몹시.

작문)_____

3)

▶ 머리가 자꾸 가볍게 쑤시듯 아픈 모양.

작문)_____

4)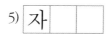

▶ 자질구레한 걱정.

작문)_____

5)

▶ 겨우 발자국이 날 만큼 적게 내린 눈.

작문)_____

6)

▶ 나이가 많은 부인을 높여 이르는 말.

작문)_____

빈칸에 알맞은 말을 쓰시오.

1) [저] 을 잘 알고 자신을 잘 아는 자는 [　] 번 싸워 백 번 이긴다.

▶ 적에 대하여 구체적으로 알고 자신의 능력과 힘을 잘 알면 싸움에서 언제나 이길 수 있음을 이르는 말.

2) [카] 로 [　] 베기

▶ 다투었다가도 시간이 조금 지나 곧 사이가 다시 좋아지는 경우를 비유적으로 이르는 말.

3) 말은 [　] [ㅁ] [ㅅ]

▶ 말은 그럴듯하게 잘하나 실천이 없는 사람을 이르는 말.

4) [다] [ㅍ] 도 떨어질 때에 떨어진다.

▶ 무엇이나 제 때가 있다는 말.

5) [나] 아니면 [나] 이다.

▶ 자기 자신 외에는 아무도 마음 놓고 믿을 수 없음을 이르는 말.

6) 큰 고기는 [ㅈ] [가] 고기를 먹고 중간 고기는 [작] [ㅇ] 고기를 먹는다.

▶ 좀 더 강한 자가 약한 자를 억누르거나 희생시킨다는 말.

날짜 :

맞힌 개수 :

빈칸에 알맞은 말을 쓰시오.

1) 너는 | ㅎ | | 이 두렵지도 않니?

▶ 어떤 일로 말미암아 뒷날 생기는 걱정과 근심.

2) 이 | ㄱ | 비 | 만 지나가면 끝이다.

▶ 일이 되어 가는 과정에서 가장 중요한 단계나 대목. 또는 막다른 절정.

3) 나의 | 부 | ㅅ | 과도 같은 존재다.

▶ 하나의 주체에서 갈라져 나온 것.

4) | ㅂ | ㅊ | 물량이 파악되었나요?

▶ 운반하여 냄.

5) 잠시 | 혀 | | 되어 판단력이 흐려졌을 뿐이다.

▶ 정신을 빼앗겨 하여야 할 바를 잊어버림. 또는 그렇게 되게 함.

6) 미술을 좋아하는 나는 꿈이 | | | ㅇ | ㅌ | 다.

▶ 박물관이나 미술관에서 재정 확보, 유물 관리, 자료 전시, 홍보 활동 따위를 하는 사람.

날짜 :

맞힌 개수 :

빈칸에 알맞은 말을 쓰시오.

7) ┌ㄱ│ㅓ│ㅈ│ㅏ┐ 으로 평가받는 작품입니다.

  ▶ 매우 훌륭한 작품.

8) 매우 ┌ㅇ│ㅣ│ㄹ│ㅈ│ㅓ┐ 인 방식으로 진행되고 있었다.

  ▶ 태도나 방식 따위가 한결같은. 또는 그런 것.

9) 모쪼록 ┌│ㅇ┐ 를 빕니다.

  ▶ 병이나 상처가 깨끗이 나음.

10) 자상한 부모님의 ┌ㅅ│ㅎ┐ 에서 자랐습니다.

  ▶ 무릎의 아래라는 뜻으로, 어버이나 조부모의 보살핌 아래. 주로 부모의 보호를 받는 테두리 안을 이른다.

11) 친구의 ┌│ㄸㅣ┐ 에 정신이 번쩍 들었다.

  ▶ 상대편이 눈치로 알아차릴 수 있도록 미리 슬그머니 일깨워 줌.

12)그 글의 ┌ㅎ│ㅈ┐ 부분을 정리해서 읽어보렴.

  ▶ 책의 저자 · 내용 · 체재 · 출판 연월일 따위에 대해 대략적으로 설명함. 또는 그런 설명.

날짜 :

맞힌 개수 :

빈칸에 알맞은 말을 쓰시오.

(1)	(2)				
	(3)	(4)		(6)	
		(5)			
(7)			(8)		(10)
			(9)		

가로 풀이

(1) 하나의 주체에서 갈라져 나온 것.
(3) 세상을 살아가면서 겪는 여러 가지 고생.
(5) 완전히 잠이 들지도 잠에서 깨어나지도 않은 어렴풋한 상태.
(7) 많으면 많을수록 더욱 좋음.
(9) 궁중에서, 임금에게 올리는 밥상을 높여 이르던 말.

세로 풀이

(2) 다른 사람에게 도움을 받거나 폐를 끼치는 일.
(4) 일이 되어 가는 과정에서 가장 중요한 단계나 대목. 또는 막다른 절정.
(6) 비스듬히 기울어짐. 또는 그런 상태나 정도.
(8) 남이 하기 전에 앞질러 하는 행동
(10) 새벽에 내리는 서리.

제3강

다음 빈칸에 공통으로 들어갈 알맞은 말을 쓰시오.

1) | 코 | ㄷ | 이 시다.

▶ 매우 아니꼽다.

예) 어처구니 없는 말을 들어 _____이 시다.

2) | ㅅ | 도 | 의 팔촌

▶ 남이나 다름없는 먼 친척.

예) _____의 팔촌이나 다름 없는데 뭘 그리 신경쓰니?

3) | | ㅈ | ㄷ | 않는 소리

▶ ① 전혀 이치에 닿지 아니한 말 ② 전혀 실현 가능성이 없는 의견.

예) _____ 않는 소리 계속 하지 말고 좀 쉬어.

4) | ㄴ | 뜨고 볼 수 없다.

▶ 눈앞의 광경이 참혹하거나 민망할 정도로 아니꼬워 차마 볼 수 없다.

예) 차마 __ 뜨고 볼 수 없는 지경에 이르렀다.

5) | ㅌ | ㅈ | 을 잡다.

▶ 조그만 흠집을 들추어내거나 없는 흠집을 만들다.

예) 그는 공연히 _____을 잡았다.

6) | ㅎ | ㄴ | 높은 줄 모르다.

▶ ① 자기의 분수를 모르다. ② 출세 가도를 치달리다. ③ 물가가 매우 높게 뛰다.

예) 그녀는 성공한 이후로 _____ 높은 줄 모르고 기고만장해졌다.

날짜 : ---------------------------

맞힌 개수 : ---------------------------

빈칸에 알맞은 말을 쓰시오.

1) | ㅇ | | ㅂ | (哀而不悲)

▶ ① 슬프지만 겉으로는 슬픔을 나타내지 아니함. ② 슬프기는 하나 비참하지는 아니함.

2) | | 도 | | ㅁ | (快刀亂麻)

▶ 잘 드는 칼로 마구 헝클어진 삼 가닥을 자른다는 뜻으로, 어지럽게 뒤얽힌 사물을 강력한 힘으로 명쾌하게 처리함을 이르는 말.

3) | ㅂ | | 영 | | (富貴榮華)

▶ 재산이 많고 지위가 높으며 귀하게 되어서 세상에 드러나 온갖 영광을 누림.

4) | | ㄱ | | 시 | (溫故知新)

▶ 옛것을 익히고 그것을 미루어서 새것을 앎.

5) | 비 | | 가 | | (悲憤慷慨)

▶ 슬프고 분하여 의분이 북받침

6) | ㄷ | ㅁ | | | (杜門不出)

▶ ① 집에만 있고 바깥출입을 아니함. ② 집에서 은거하면서 관직에 나가지 아니하거나 사회의 일을 하지 아니함을 비유적으로 이르는 말

날짜 :

맞힌 개수 :

빈칸에 알맞은 말을 쓰고 문장을 지으시오.

1)
| ㅎ | 또 | ㄸ | |

▶ 겉으로는 아는 것이 많아 보이나, 정작 알아야 하는 것은 모르거나 어떤 것을 선택
해야 하는 상황에서 판단을 제대로 하지 못하는 사람을 놀림조로 이르는 말.

작문)_____

2)
| ㅅ | ㄹ | 어 | |

▶ ① 근심과 걱정으로 맥이 없다. ② 아무 생각이 없다.

작문)_____

3)
| ㅈ | 지 | ㄱ | ㄹ | ㅎ | ㄷ |

▶ 모두가 잘고 시시하여 대수롭지 아니하다.

작문)_____

4)
| ㅈ | 라 | 자 | | 하 | |

▶ 액체가 그릇에 가득 차 가장자리에서 넘칠 듯 말 듯 하다.

작문)_____

5)
| ㅂ | 라 | ㅈ |

▶ 음식이나 옷을 대어 주거나 온갖 일을 돌보아 주는 일.

작문)_____

6)
| 나 | ㅂ |

▶ 부질없이 새우는 밤.

작문)_____

빈칸에 알맞은 말을 쓰시오.

1) ┌─┬─┐
   │ㅊ│ │ 넘친다.
   └─┴─┘

   ▶ 너무 정도에 지나치면 도리어 불완전하게 된다는 말.

2) ┌─┬─┬─┬─┐
   │아│으│ │ㅇ│ 뛰뛰듯
   └─┴─┴─┴─┘

   ▶ 노력은 하나 능력이 없어서 좋은 결과를 얻지 못하는 경우를 이르는 말.

3) ┌─┬─┐
   │마│ │ 도 세 번 굴러야 제자리에 선다.
   └─┴─┘

   ▶ 무슨 일이나 여러 번 해 봐야 제자리가 잡힌다는 말.

4) 닭 │ㅅ│ 보듯, 소 │다│ 보듯

   ▶ 서로 아무런 관심도 두지 않고 있는 사이임을 비유적으로 이르는 말.

5) ┌─┬─┐
   │ │ㅁ│ 에 오르라 하고 흔드는 격
   └─┴─┘

   ▶ 남을 꾀어 위험한 곳이나 불행한 처지에 빠지게 함을 비유적으로 이르는 말.

6) 최 생원의 │시│ 마르듯

   ▶ 최가 성을 가졌던 사람이 매우 인색하여 제사를 잘 지내지 않았다는 데서,
   인색한 사람을 만나 아무것도 얻어먹지 못하게 된 경우를 비유적으로 이르
   는 말.

날짜 :

맞힌 개수 :

빈칸에 알맞은 말을 쓰시오.

1) 그는 뒤늦게 | 타 | ㅅ | 하며 말했다.

  ▶ 한탄하여 한숨을 쉼. 또는 그 한숨.

2) 글을 쓰기 전에 | ㄱ | ㅇ | 부터 정리하세요.

  ▶ 간결하게 추려 낸 주요 내용.

3) 규칙에 | ㄱ | ㅇ | 받지 않고 자유롭게 생각하세요.

  ▶ 거리끼거나 얽매임.

4) 순한 강아지가 그렇게 | ㅁ | 렬 | ㅎ | 짖을 줄 몰랐다.

  ▶ 기세가 몹시 사납고 세찬 정도로.

5) 독서의 | ㄱ | ㅇ | 저 | 효과는 매우 크다.

  ▶ 지식과 기술 따위를 가르치며 인격을 길러 주는. 또는 그런 것.

6) 이미 | 사 | ㅅ | ㅈ | 으로 잘못을 저지르고 있었다.

  ▶ 좋지 않은 일을 버릇처럼 하는. 또는 그런 것.

날짜 :

맞힌 개수 :

빈칸에 알맞은 말을 쓰시오.

7) [ㅊ |] 이 금지된 구간입니다.

▶ 뒤에서 따라잡아서 앞의 것보다 먼저 나아감.

8) [ㅎ | | 며] 이 상승하여 침수가 우려된다.

▶ 바닷물의 표면

9) [너 | | ㅅ] 말을 건넸다.

▶ 드러나지 않게 가만히.

10) 그 장면을 보고 [겨 |] 을 금치 못했다.

▶ 소스라치게 깜짝 놀람.

11) [ㄱ | | 화] 사회에 대한 대책을 논의해야 한다.

▶ 한 사회에서 노인의 인구 비율이 높은 상태로 나타나는 일.

12) 그것은 단순한 [구 |] 가 아니었다.

▶ 집회나 시위 따위에서 어떤 요구나 주장 따위를 간결한 형식으로 표현한 문구.

날짜 :

맞힌 개수 :

빈칸에 알맞은 말을 쓰시오.

(1)	(2)				
	(3)			(7)	
			(6)		
(11)					
(8)			(9)		(10)

가로 풀이

(1) 평평한 들판.
(3) 자식을 낳아서 기르느라고 힘을 들이고 애를 씀.
(6) 말을 알아듣는 꽃이라는 뜻으로, '미인'을 이르는 말.
(8) 옛것을 익히고 그것을 미루어서 새것을 앎.

세로 풀이

(2) 원망하고 꾸짖음.
(7) 성질이 순한 물고기.
(9) 신통하고 묘함.
(10) 무릎의 아래라는 뜻으로, 어버이나 조부모의 보살핌 아래. 주로 부모의 보호를 받는 테두리 안을 이른다.
(11) 어떤 물질에 온도를 더함.

제4강

날짜 :

맞힌 개수 :

다음 빈칸에 공통으로 들어갈 알맞은 말을 쓰시오.

1) ☐ 가 되다.

▶ 일이나 생각 따위가 모두 허사가 되다.

예) 열심히 노력한 것이 단 한 번의 실수로 ___가 되고 말았다.

2) 삼 ☐ 같은 머리

▶ 숱이 많고 긴 머리.

예) ____같은 머리를 빗으로 빗었다.

3) ☐ 가 쓰이다.

▶ 안타까운 마음이 쓰이다.

예) 그 친구의 기운 없는 모습을 보더니 ___가 쓰인 모양이다.

4) ☐ 을 놓다.

▶ 강하게 알리거나 요구를 나타내면서 꼼짝 못 하게 하다.

예) 다시 한번 더 잘못을 저지르면 용서하지 않겠다고 ___을 놓았다.

5) 바 ☐ 을 긁다.

▶ 생계가 곤란하다.

예) 그는 ____을 긁을 정도로 형편이 어려웠다.

6) ㅂ ☐ ☐ 로 보다.

▶ 어떤 대상을 몹시 무시하고 깔보다.

예) ____로 보는 듯한 그 태도에 무척 속상했다.

날짜 :
맞힌 개수 :

빈칸에 알맞은 말을 쓰시오.

1) [|사|ㅈ|ㅅ] (他山之石)

▶ 다른 산의 나쁜 돌이라도 자신의 산의 옥돌을 가는 데에 쓸 수 있다는 뜻으로, 본이 되지 않은 남의 말이나 행동도 자신의 지식과 인격을 수양하는 데에 도움이 될 수 있음을 비유적으로 이르는 말.

2) [ㅇ|ㅈ|ㅈ|ㅈ] (愛之重之)

▶ 매우 사랑하고 소중히 여기는 모양.

3) [|서|토|ㄱ] (大聲痛哭)

▶ 큰 소리로 몹시 슬프게 곡을 함.

4) [|ㅈ|다|ㄱ] (多情多感)

▶ 정이 많고 감정이 풍부함.

5) [나| |ㅇ|ㅅ] (落花流水)

▶ 떨어지는 꽃과 흐르는 물이라는 뜻으로, 가는 봄의 경치를 이르는 말.

6) [나|ㄱ|이|ㅁ] (南柯一夢)

▶ 꿈과 같이 헛된 한때의 부귀영화를 이르는 말. 중국 당나라의 순우분이 술에 취하여 홰나무의 남쪽으로 뻗은 가지 밑에서 잠이 들었는데 괴안국의 부마가 되어 남가군을 다스리며 20년 동안 영화를 누리는 꿈을 꾸었다는 데서 유래한다.

날짜 : ----------------------

맞힌 개수 : ----------------------

빈칸에 알맞은 말을 쓰고 문장을 지으시오.

1) | ㄱ | |

▶ 시골 마을의 좁은 골목길. 또는 골목 사이.

작문)_____

2) | 토 | 미 | |

▶ 이것저것 가릴 것 없이 평균으로 치다.

작문)_____

3) | | 치 | | 으 |

▶ ① 이왕 나선 걸음. ② 이왕에 시작한 일.

작문)_____

4) | | ㄸ | |

▶ ① 다른 것들보다 훨씬 뛰어나다. ② 평상시와는 다르다.

작문)_____

5) | | | 러 |

▶ 교묘한 말로 떠벌리며 남을 농락하는 짓.

작문)_____

6) | | 아 | |

▶ 힘든 일을 서로 거들어 주면서 품을 지고 갚고 하는 일.

작문)_____

빈칸에 알맞은 말을 쓰시오.

1) | ㅅ | 라 | 은 늙어 죽도록 | ㅂ | 우 | | .

▶ 사람은 일생 동안 끊임없이 배우고 수양을 쌓아야 함을 이르는 말.

2) | 사 | ㅊ | 이 땅을 사면 | ㅂ | 가 아프다.

▶ 남이 잘되는 것을 기뻐해 주지는 않고 오히려 질투하고 시기하는 경우를 비유적으로 이르는 말.

3) | ㄷ | ㄷ | 을 맞으려면 | ㄱ | 도 안 짖는다.

▶ 운수가 나쁘면 모든 것이 제대로 되지 않음을 비유적으로 이르는 말.

4) 티끌 모아 | 태 | 사 |

▶ 아무리 작은 것이라도 모이고 모이면 나중에 큰 덩어리가 됨을 비유적으로 이르는 말.

5) | ㅊ | ㅍ | 으로 남을 대하고 | ㅊ | ㅍ | 으로 나를 대하라.

▶ 남에게는 부드럽게 자신에게는 엄격하게 대하라는 말.

6) 칠월 | ㅅ | ㅇ | |

▶ 칠월이 되어 농사의 힘드는 일도 끝나고 여름내 푸른 풀을 뜯어 먹어 번지르르해진 송아지라는 뜻으로, 팔자 늘어진 사람을 비유적으로 이르는 말.

날짜 :

맞힌 개수 :

빈칸에 알맞은 말을 쓰시오.

1) 다행히 [ ][우] 을 면했다.

▶ 액을 당할 운수.

2) [ㅂ][ ][저] 은 부엌으로 추정된다.

▶ 화재 원인의 감식에서, 처음 화재가 일어난 자리.

3) 빠른 걸음으로 걷던 민수는 [ ][ㅊ] 발을 멈췄다.

▶ 놀라거나 어색한 느낌이 들어 하던 짓을 갑자기 멈추는 모양.

4) 원유를 [ ][제] 하는 과정이 끝나야 합니다.

▶ 물질에 섞인 불순물을 없애 그 물질을 더 순수하게 함.

5) 몹시 속상했지만 애써 [평][ ][ㅅ] 을 가지려고 노력했다.

▶ 일상적인 마음.

6) 그 문제에 관해서 [ㄱ][겨][ ] 자세로 대처할 것이다.

▶ 굳세게 버티어 굽히지 않다.

날짜 :

맞힌 개수 :

빈칸에 알맞은 말을 쓰시오.

7) | ㅎ | ㄹ | ㅊ | 에서 무언가를 꺼내들었다.

▶ 바지나 치마처럼 허리가 있는 옷의 허리 안쪽. 곧 그 옷과 속옷 또는 그 옷과 살의 사이.

8) | ㅁ | 르 | 을 캐다가 하루가 다 갔다.

▶ 백합과의 여러해살이풀. 파, 마늘과 비슷한데 봄에 비늘줄기에서 마늘잎 모양의 잎이 두세 개가 난다.

9) 그는 한사코 강력하게 | ㅂ | 이 | 했다.

▶ 어떤 내용이나 사실을 옳거나 그러하다고 인정하지 아니함.

10) 전에 | 야 | ㅈ | 해주신 것은 꼭 지켜주시기 바랍니다.

▶ 약속하여 정한 조항.

11) 자연과 깊은 | ㄱ | 가 | 을 나누다.

▶ 서로 접촉하여 따라 움직이는 느낌.

12) 아무에게도 기대지 않고 | ㅈ | 리 | 해서 살아가야 합니다.

▶ 남에게 예속되거나 의지하지 아니하고 스스로 섬.

날짜 :

맞힌 개수 :

빈칸에 알맞은 말을 쓰시오.

(1)	(2)				
	(3)			(5)	
		(4)			
(7)		(8)		(9)	(10)

가로 풀이

(1) 떨어지는 꽃과 흐르는 물이라는 뜻으로, 가는 봄의 경치를 이르는 말.
(4) 말 속에 뼈가 있다는 뜻으로, 예사로운 말 속에 단단한 속뜻이 들어 있음을 이르는 말.
(7) 대중교통에서 노인을 공경하는 뜻으로 노인들만 앉도록 마련한 좌석.
(9) 어떤 직위에 있는 사람을 다른 사람으로 바꿈.

세로 풀이

(2) 숯불을 피워 놓고 쓰게 만든 큰 화로.
(5) 어루만지고 잘 달래어 시키는 말을 듣도록 함.
(8) 대학원의 석사 과정을 마치고 규정된 절차를 밟은 사람에게 수여하는 학위. 또는 그 학위를 딴 사람.
(10) 혼란 없이 순조롭게 이루어지게 하는 사물의 순서나 차례.

제5강

다음 빈칸에 공통으로 들어갈 알맞은 말을 쓰시오.

1) | 차 | 바 | 더운밥 가리다.

▶ 어려운 형편에 있으면서 배부른 행동을 하다.

예) 지금 그렇게 여유 부리면서 ____ 더운밥 가릴 때가 아니야.

2) | | | 작으나

▶ 크기에 관계없이 어쨌든.

예) 크나 작으나 모두 해결해야 할 일이에요.

3) | ㄷ | 이 되다.

▶ 아익이나 도움이 되다.

예) 당신에게 덕이 되어 기쁩니다.

4) | ㅋ | 를 잡다.

▶ 일이나 가야 할 곳의 방향을 잡다.

예) 누군가는 ___를 잡고 접근해야 하지 않겠어요?

5) | ㅁ | 이 있다.

▶ 어떤 말이 상정되거나 토론이 되다.

예) 그 일에 관해서 벌써 ____이 있었던 모양이다.

6) | | 치 | 프 | 를 찍다.

▶ 어떤 일이 끝장이 나거나 끝장을 내다.

예) 이제 _____를 찍고 나니 홀가분하다.

빈칸에 알맞은 말을 쓰시오.

1) ☐ ☐ ☐ 시 (自強不息)

▶ 스스로 힘써 몸과 마음을 가다듬어 쉬지 아니함.

2) ☐ 고 ☐ ㅁ (白骨難忘)

▶ 죽어서 백골이 되어도 잊을 수 없다는 뜻으로, 남에게 큰 은덕을 입었을 때 고마움의 뜻으로 이르는 말.

3) ☐ 자 ☐ ㅅ (拍掌大笑)

▶ 손뼉을 치며 크게 웃음.

4) 나 ㅂ ☐ ☐ (男負女戴)

▶ 남자는 지고 여자는 인다는 뜻으로, 가난한 사람들이 살 곳을 찾아 이리저리 떠돌아다님을 비유적으로 이르는 말.

5) ☐ ☐ ☐ 라 (一絲不亂)

▶ 한 오리 실도 엉키지 아니함이란 뜻으로, 질서가 정연하여 조금도 흐트러지지 아니함을 이르는 말.

6) ☐ ☐ ㅅ ☐ (臥薪嘗膽)

▶ 불편한 섶에 몸을 눕히고 쓸개를 맛본다는 뜻으로, 원수를 갚거나 마음먹은 일을 이루기 위하여 온갖 어려움과 괴로움을 참고 견딤을 비유적으로 이르는 말.

날짜 :

맞힌 개수 :

빈칸에 알맞은 말을 쓰고 문장을 지으시오.

1) | ㅅ | ㄴ | ㅎ | |

▶ 물체의 온도나 기온이 꽤 찬 느낌이 있다.

작문)_____

2) | ㅅ | | ㅂ | ㄹ |

▶ 모르는 사이에 조금씩 조금씩.

작문)_____

3) | ㅋ | ㄹ | ㅋ | |

▶ 큰 병이나 통 속에 다 차지 않은 액체가 자꾸 흔들리는 소리. 또는 그 모양.

작문)_____

4) | ㅎ | ㄷ | ㄹ | |

▶ 그다지 중요하지 아니하고 허름하여 함부로 쓸 수 있는 물건.

작문)_____

5) | | ㄲ | ㅎ | |

▶ 치사하고 인색하며 욕심이 많게.

작문)_____

6) | ㅊ | ㄸ | |

▶ 눈을 위쪽으로 뜨다.

작문)_____

빈칸에 알맞은 말을 쓰시오.

1) | 바 | | 먹은 개

▶ 반찬을 훔쳐 먹은 개가 꼼짝 못 하고 매를 맞듯이 아무리 구박을 받아도 아무 대항을 못하고 어쩔 줄 모르는 처지를 비유적으로 이르는 말.

2) 받아 놓은 | 바 |

▶ ① 일이 확실하여 조금도 틀림이 없는 경우를 비유적으로 이르는 말. ② 밥 상을 받아 놓고 그냥 물리지도 못하고 그렇다고 먹을 수도 없다는 뜻으로, 이러지도 못하고 저러지도 못하는 경우나 처지를 비유적으로 이르는 말.

3) 한 | 계 | | 씩 밟아 올라가다.

▶ 낮은 데서부터 높은 데로 순차적으로 올라간다는 말.

4) 사람과 산은 | 머 | | ㅅ | 보는 게 낫다.

▶ 사람을 가까이 사귀면 멀리서 볼 때 안 보이던 결점이 다 드러나 실망하게 됨을 비유적으로 이르는 말.

5) 남의 | 바 | 보고 | | 떠먹는다.

▶ ① 아무 상관도 없는 남의 일에 공연히 서둘러 좋아함을 비유적으로 이르는 말. ② 남의 것을 턱없이 바람을 비유적으로 이르는 말.

6) 낫 놓고 | ㄱ | | 자도 모른다.

▶ 기역 자 모양으로 생긴 낫을 보면서도 기역 자를 모른다는 뜻으로, 아주 무식함을 비유적으로 이르는 말.

날짜 :

맞힌 개수 :

빈칸에 알맞은 말을 쓰시오.

1) | 태 | 초 | 이래 존재한 것들은 무엇인가.

   ▶ 하늘과 땅이 생겨난 맨 처음.

2) 글을 읽기 전에 먼저 작가의 | 이 | | 기 | 를 살펴보았다.

   ▶ 어느 한 사람의 일생에 관한 내용을 적은 기록.

3) 성난 | 어 | 조 | 로 말해서 조금 당황스러웠다.

   ▶ 말의 가락

4) | 설 | 익 | 은 | 과일을 먹었다.

   ▶ 충분하지 아니하게 익다.

5) 드디어 | 점 | | 를 모두 익혔다.

   ▶ 손가락으로 더듬어 읽도록 만든 시각 장애인용 문자. 두꺼운 종이 위에 도드
     라진 점들을 일정한 방식으로 짜 모아 만든 것이다.

6) 이와 관련된 재미있는 | 일 | | 가 있다.

   ▶ 세상에 널리 알려지지 아니한 흥미 있는 이야기.

날짜 :

맞힌 개수 :

빈칸에 알맞은 말을 쓰시오.

7) 새로운 예술 양식을 ㅊ[ ]한 의의가 크다.

▶ 전에 없던 것을 처음으로 만들거나 제정함.

8) 친구를 [ ]ㅈ|ㄴ|[ ] 잘 사귀니 걱정이 없다.

▶ 남에게 자꾸 붙임성 있게 구는 모양.

9) ㅈ[ ] 능력이 뛰어나다.

▶ 자기 자신의 힘으로 살아감.

10) 먼저 ㅁ[ ]저 특성을 이해해야 한다.

▶ 문화와 관련된. 또는 그런 것.

11) 서로 ㅁ[ ]한 관계에 놓여 있어 유심히 살펴야 한다.

▶ 아주 가깝게 맞닿아 있음. 또는 그런 관계에 있음.

12) 제가 ㄱ[ ]라서 처음 가는 곳은 잘 찾지 못해요.

▶ 길에 대한 감각이나 지각이 매우 무디어 길을 바르게 인식하거나 찾지 못하는 사람.

어
휘
퍼
즐

날짜 :

맞힌 개수 :

빈칸에 알맞은 말을 쓰시오.

(1)	(2)				
	(3)	(4)		(6)	
		(5)			(7)
(8)			(10)		
		(9)			

가로 풀이

(1) 임금이 신하의 청을 허락함.
(3) 어처구니가 없어 저도 모르게 웃음이 툭 터져 나옴. 또는 그 웃음.
(5) 풀잎에 맺힌 이슬과 같은 인생이라는 뜻으로, 허무하고 덧없는 인생을 비유적으로 이르는 말.
(8) 신라에서 고려 초기까지, 벼슬아치에게 직무의 대가로 일정 지역의 수조권을 주던 일.
(9) 백제 말기의 장군으로 백제가 망하자 임존성에서 백제 부흥 운동을 일으켰으며, 중국 당나라 고종의 초청을 받아 토번과 돌궐을 정벌하고 대총관이 된 인물.

세로 풀이

(2) 헛되이 잃음.
(4) 잘게 흘려 쓴 글씨.
(6) 서울과 인천을 아울러 이르는 말.
(7) 서로 한 번도 만난 적이 없어서 전혀 알지 못하는 사람. 또는 그런 관계.
(10) 불러서 오게 함.

40

제6강

다음 빈칸에 공통으로 들어갈 알맞은 말을 쓰시오.

1) ☐ 으 이 풀리다.

▶ ① 마음속에 맺히거나 틀어졌던 것이 없어지다.
  ② 긴장하였던 마음이 누그러지다

예) 면접이 끝나고 나자 비로소 _____이 풀리는 것 같았다.

2) 마 ☐ 를 타다.

▶ 끝나갈 무렵에 뒤늦게 뛰어들다.

예) 지금이 _____를 탈 마지막 기회에요.

3) ☐ 이 오르다.

▶ 무대의 공연이나 어떤 행사가 시작되다.

예) 공연의 _____이 오르자 몹시 떨렸다.

4) ☐ 을 쓰다.

▶ ① 본색이 드러나지 않게 가장하다. ② 생김새나 하는 짓이 누구를 꼭 닮다.

예) 사실 양의 _____을 쓴 늑대니 조심하세요.

5) 타 ☐ 을 받다.

▶ 점차 증가하거나 많아지다.

예) 부단히 연습해서 이제 _____을 받는 모양이다.

6) 바꿔 마 ㅎ ☐

▶ 먼저 한 말을 다른 말로 하면.

예) 생각해주는 것처럼 말하지만 바꿔 _____ 질투 아닌가요?

날짜 :

맞힌 개수 :

빈칸에 알맞은 말을 쓰시오.

1) 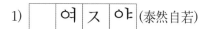 여 ㅈ 야 (泰然自若)

▶ 마음에 어떠한 충동을 받아도 움직임이 없이 천연스러움.

2) 시 ㅊ ㅁ (神出鬼沒)

▶ 귀신같이 나타났다가 사라진다는 뜻으로, 그 움직임을 쉽게 알 수 없을 만큼 자유자재로 나타나고 사라짐을 비유적으로 이르는 말.

3) 서 ㄱ ㅈ (席藁待罪)

▶ 거적을 깔고 엎드려서 임금의 처분이나 명령을 기다리던 일.

4) ㅈ 개 저 (主客顚倒)

▶ 주인과 손의 위치가 서로 뒤바뀐다는 뜻으로, 사물의 경중 · 선후 · 완급 따위가 서로 뒤바뀜을 이르는 말.

5) ㅈ ㅁ ㄱ 펴 (走馬加鞭)

▶ 달리는 말에 채찍질한다는 뜻으로, 잘하는 사람을 더욱 장려함을 이르는 말.

6) ㅅ 겨 (速戰速決)

▶ ① 싸움을 오래 끌지 아니하고 빨리 몰아쳐 이기고 짐을 결정함.
② 어떤 일을 빨리 진행하여 빨리 끝냄을 비유적으로 이르는 말.

날짜 :

맞힌 개수 :

빈칸에 알맞은 말을 쓰고 문장을 지으시오.

1)

▶ 하루에 걸어서 갈 수 있는 거리.

작문)_____

2)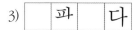

▶ ① 태도나 성질이 부드럽고 친절하다. ② 꼼꼼하고 자세하다.

작문)_____

3)

▶ 사람이나 물건 따위가 보기에 매우 실한 데가 있다.

작문)_____

4)

▶ 마음에도 없이 겉으로만 웃는 웃음.

작문)_____

5)

▶ 떠나가는 손님을 일정한 곳까지 따라 나가서 작별하여 보내는 일.

작문)_____

6) ㅂ

▶ 분란을 일으켜 남을 괴롭히는 짓

작문)_____

날짜 :

맞힌 개수 :

빈칸에 알맞은 말을 쓰시오.

1) | 차 | ㅅ | 를 볶아 먹었나.

▶ 말이 빠르고 몹시 재잘거리기를 잘함을 비유적으로 이르는 말.

2) 닭의 | ㄱ | ㅂ | 먹을 것 없다.

▶ 형식만 있고 내용이 보잘것없음을 비유적으로 이르는 말.

3) 자식은 | ㅇ | ㅁ | 이라

▶ 사람이 자기가 소중하게 여기는 물건에 대하여 혹시 잘못되지 아니할까 하며 늘 걱정하는 것처럼 자식은 언제나 부모에게 걱정만 끼침을 비유적으로 이르는 말.

4) 작년에 왔던 | ㄱ | ㅅㅓ | ㅇ | 또 찾아왔다.

▶ 반갑지 아니한 사람이 다시 찾아왔음을 비유적으로 이르는 말.

5) | ㅍ | 끝의 이슬.

▶ 인생이 풀 끝의 이슬처럼 덧없고 허무함을 비유적으로 이르는 말.

6) 토끼가 제 | ㅂ | | 에 놀란다.

▶ ① 남몰래 저지른 일이 염려되어 스스로 겁을 먹고 대수롭지 아니한 것에도 놀람을 비유적으로 이르는 말. ② 행동이나 말이 가볍고 방정맞음을 비유적으로 이르는 말.

빈칸에 알맞은 말을 쓰시오.

1) 이 문장에서 ☐ 어 에 밑줄을 그어라.

▶ 주어와 서술어만으로는 뜻이 완전하지 못한 문장에서, 그 불완전한 곳을 보충하여 뜻을 완전하게 하는 수식어.

2) 드디어 내일이 ☐ ☐ 그 을 하는 날이다.

▶ 참여자가 주어진 상황에서 특정 역할을 담당하여 연기하는 극.

3) 그 사연을 들으니 조금 ☐ ㅋ 했다.

▶ 격한 감정이 갑자기 일어나는 모양.

4) 갑자기 정색을 해서 ☐ ㅆ 하 기분이 들었다.

▶ 무안을 당하거나 흥이 꺾여 어색하고 열없다.

5) 새삼 따뜻한 이 ☐ 을 느낄 수 있었다.

▶ 남을 동정하는 따뜻한 마음.

6) 그들의 다 ☐ 는 이른아침부터 시작되었다.

▶ 서로 이야기를 주고받음.

날짜 :

맞힌 개수 :

빈칸에 알맞은 말을 쓰시오.

7) $\boxed{\text{ㅈ} \quad \text{ㅊ}}$ 한다고 일이 빨리 끝나는 것이 아니다.

▶ 어떤 일을 빨리하도록 조름.

8) 먼저 관심을 $\boxed{\text{ㅇ} \quad \text{ㄷ}}$ 해야 할 것입니다.

▶ 사람이나 물건을 목적한 장소나 방향으로 이끎.

9) 지나치게 $\boxed{\text{의} \quad \text{조}}$ 하려고 하니까 문제다.

▶ 다른 것에 의지하여 존재함.

10) 희곡은 대사와 $\boxed{\text{ㅈ} \quad \text{ㅅ} \quad \text{ㅁ}}$ 으로 구성된다.

▶ 희곡에서, 몸짓이나 무대의 장치, 분위기 따위를 나타내는 부분.

11) 이 식물은 $\boxed{\text{과} \quad \text{ㅅ}}$ 용이다.

▶ 취미에 맞는 동식물 따위를 보면서 즐김.

12) 주의사항을 $\boxed{\text{ㄱ} \quad}$ 해서는 안 된다.

▶ 큰 관심 없이 대강 보아 넘김.

날짜 :

맞힌 개수 :

빈칸에 알맞은 말을 쓰시오.

(1)	(2)			(3)	
			(4)		
(5)					
(6)			(7)		(8)

가로 풀이

(1) 신라 때에, 임금의 칭호의 하나. 이가 많은 사람, 즉 연장자가 지혜로운 사람이라는 말에서 유래한다.
(4) 속에 있거나 숨은 것이 밖으로 나타나거나 그렇게 나타나게 함. 또는 그런 결과.
(6) 누구를 원망하고 누구를 탓하겠냐는 뜻으로, 남을 원망하거나 탓할 것이 없음을 이르는 말.

세로 풀이

(2) 국수, 새끼, 실 따위의 뭉치를 세는 단위.
(3) 어리석은 질문에 대한 현명한 대답.
(5) 어떤 일을 성취하기 위하여 더 이상 물러설 수 없음을 비유적으로 이르는 말.
(7) 핑계를 삼을 만한 재료.
(8) '감기'를 일상적으로 이르는 말.

47

제7강

날짜 :
_____

맞힌 개수 :
_____

다음 빈칸에 공통으로 들어갈 알맞은 말을 쓰시오.

1) | ㅈ | ㄱㅏ | 을 먹이다.

▶ ① 말의 입에 재갈을 물리다. ② 말이나 소리를 내지 못하게 입을 틀어막다.

예) 갑자기 _____을 먹이자 무척 놀랐다.

2) | ㅅ | ㄹㅏ | 이 되다.

▶ 도덕적으로나 인격적으로 사람으로서의 자질을 갖춘 인간이 되다.

예) _____이 되는 것이 무엇보다도 중요하다.

3) 참새 | ㅁ | 먹듯

▶ 음식을 조금씩 여러 번 먹는 모양을 비유적으로 이르는 말.

예) 그는 아픈 뒤로 참새 ____ 먹듯 먹는다.

4) | ㅁ | 에 하나

▶ 아주 매우 드묾을 이르는 말

예) ___에 하나 시간이 주어진다면 그곳에 가보고 싶어요.

5) | ㄴ | ㅇ | 을 쓰다.

▶ 속이나 진짜 내용은 그렇지 않으면서 그럴듯하게 좋은 명색을 내걸다.

예) 애써 _____을 쓰고 있었지만 속으로는 울고 있었다.

6) | ㄴ | ㅍ | 이 씌다.

▶ 사랑이나 좋아하는 감정에 빠져 이성적으로 판단하지 못하다.

예) _____이 씌었는지 다른 사람의 말은 조금도 듣지 못한다.

날짜 :

맞힌 개수 :

빈칸에 알맞은 말을 쓰시오.

1) | ㅈ | | 나 | |
|---|---|---|---|

(衆口難防)

▶ 뭇사람의 말을 막기가 어렵다는 뜻으로, 막기 어려울 정도로 여럿이 마구 지껄임을 이르는 말.

2) | | 사 | | |
|---|---|---|---|

(朝三暮四)

▶ 간사한 꾀로 남을 속여 희롱함을 이르는 말. 먹이를 아침에 세 개, 저녁에 네 개씩 주겠다는 말에는 원숭이들이 적다고 화를 내더니 아침에 네 개, 저녁에 세 개씩 주겠다는 말에는 좋아하였다는 데서 유래한다.

3) | 도 | | 서 | |
|---|---|---|---|

(東奔西走)

▶ 동쪽으로 뛰고 서쪽으로 뛴다는 뜻으로, 사방으로 이리저리 몹시 바쁘게 돌아다님을 이르는 말.

4) | 나 | | ㅈ | |
|---|---|---|---|

(囊中之錐)

▶ 주머니 속의 송곳이라는 뜻으로, 재능이 뛰어난 사람은 숨어 있어도 저절로 사람들에게 알려짐을 이르는 말.

5) | 나 | | 나 | |
|---|---|---|---|

(難兄難弟)

▶ 누구를 형이라 하고 누구를 아우라 하기 어렵다는 뜻으로, 두 사물이 비슷하여 낫고 못함을 정하기 어려움을 이르는 말.

6) | ㄴ | | ㅈ | |
|---|---|---|---|

(累卵之勢)

▶ 층층이 쌓아 놓은 알의 형세라는 뜻으로, 몹시 위태로운 형세를 비유적으로 이르는 말.

빈칸에 알맞은 말을 쓰고 문장을 지으시오.

1)

| ㅎ | ㄱㅕ | ㄱ | |

▶ ① 처음부터 끝까지 변함없이 꼭 같다. ② 여럿이 모두 꼭 같이 하나와 같다.

작문)_____

2)

| ㅅ | | ㅊ | ㄱ |

▶ 같은 종류의 일을 서로 바꾸어 가며 해 줌.

작문)_____

3)

| ㅊ | ㄱ | ㄱ | | |

▶ 성가실 정도로 끈덕지게 자꾸 귀찮게 굴다.

작문)_____

4)

| ㅈ | ㄴㅏ | ㄲㅜ | ㄹ | ㄱ |

▶ 장난이 심한 아이. 또는 그런 사람.

작문)_____

5)

| ㄲㅕ | ㅂㅕ | |

▶ ① 꿩의 어린 새끼. ② 옷차림 따위의 겉모습이 잘 어울리지 않고 거칠게 생긴 사람을 비유적으로 이르는 말.

작문)_____

6)

| ㄱ | ㅈ | ㄴ |

▶ 윗눈시울이 축 처진 눈.

작문)_____

날짜 :

맞힌 개수 :

빈칸에 알맞은 말을 쓰시오.

1) ☐☐ ㅅ 먹고 ☐ 쑤시기

▶ 잘 먹은 체하며 이를 쑤신다는 뜻으로, 실속은 없으면서 무엇이 있는 체함을 이르는 말.

2) 제가 제 ☐ ㅁ ☐을 판다.

▶ 스스로 자신을 망치는 어리석은 짓을 함을 비유적으로 이르는 말.

3) 모기도 ☐☐이 있지.

▶ 염치없고 뻔뻔스러움을 이르는 말.

4) ☐ 배 ㅈ ☐도 맞들면 낫다.

▶ 쉬운 일이라도 협력하여 하면 훨씬 쉽다는 말.

5) 사람은 ☐을 해야 ☐ 마 ☐이 난다.

▶ 사람은 몸을 놀리며 활동을 해야 소화도 잘되고 입맛도 나서 아무것이나 당기는 법이란 뜻으로, 일을 한 뒤에 밥맛이 당길 때나 놀면서 밥맛이 없다고 하는 사람을 비꼬는 말.

6) 막대 잃은 ☐ 자 ☐

▶ 의지할 곳을 잃고 꼼짝 못 하게 된 처지를 이르는 말.

날짜 :

맞힌 개수 :

빈칸에 알맞은 말을 쓰시오.

1) 드디어 그 이야기의 　고　　　이 완성되었다.

▶ 어떤 사물이나 일에서 계획의 기본이 되는 틀이나 줄거리.

2) 지나치게 　ㅇ　조　하려고 하니까 문제다.

▶ 다른 것에 의지하여 존재함.

3) 이 시의 　ㅂ　ㅍ　ㅁ　은 57페이지에 있다.

▶ 비평하여 쓴 글.

4) 이 작품의 전체적인 분위기는 매우 　ㅅ　　　ㅈ　이다.

▶ 정서를 듬뿍 담고 있는. 또는 그런 것.

5) 이 　ㅁ　ㅌ　ㅇ　를 돌아서 가시면 됩니다.

▶ 구부러지거나 꺾어져 돌아간 자리.

6) 　　　도　에 둔 시계가 없어졌다.

▶ 집채의 낙숫물이 떨어지는 곳 안쪽으로 돌려 가며 놓은 돌.

날짜 :

맞힌 개수 :

빈칸에 알맞은 말을 쓰시오.

7) 그가 그렇게 | | ㄹ | | 모습으로 나타날 지 몰랐다.

▶ 옷 따위가 낡아 해지고 차림새가 너저분하다.

8) 하고 싶은 말을 함부로 내뱉으면 안 되는 것을 | 며 | | 해라.

▶ 잊지 않도록 마음에 깊이 새겨 둠.

9) 양파와 감자를 곁들인 | | 미 | 가 일품입니다.

▶ 음식의 고상한 맛.

10) 나는 | 프 | | 요리를 좋아한다.

▶ 서로 다른 두 종류 이상의 것을 섞어 새롭게 만든 것.

11) | | | 에 따라 해석은 달라질 수 있습니다.

▶사물이나 현상을 관찰할 때, 그 사람이 보고 생각하는 태도나 방향 또는 처지.

12) 얼굴에 | 가 | | 이 조금 일어난 모습이었다.

▶파충류 이상의 척추동물의 표피 부분을 이루는 경단백질로 이루어진 물질. 케라틴 성분으로, 동물의 몸을 보호하는 비늘, 털 따위에 많이 포함되어 있다.

날짜 :

맞힌 개수 :

빈칸에 알맞은 말을 쓰시오.

(1)	(2)				(6)
	(3)		(4)		
			(5)		(7)
(8)					
(9)					

가로 풀이

(1) 나이가 든 친한 여자들 사이에서 나이가 많은 사람이 나이가 적은 사람을 이르거나 부르는 말.
(3) 석가모니가 성도한 깨달음의 내용을 그대로 설법한 경문
(5) 피부 위에 낱알만 하게 도도록하고 납작하게 돋은 반질반질한 군살.
(9) '한글날'의 처음 이름.

세로 풀이

(2) 인격화한 동식물이나 기타 사물을 주인공으로 하여 그들의 행동 속에 풍자와 교훈의 뜻을 나타내는 이야기.
(4) 노인을 공경하는 생각.
(6) 순탄하지 아니하고 어수선하게 계속되는 여러 가지 어려움이나 시련.
(7) 귀한 손님
(8) 살림을 합침. 또는 그런 집.

제8강

다음 빈칸에 공통으로 들어갈 알맞은 말을 쓰시오.

1) | 저 | | 이 있다.

▶ 전망이 밝다.

예) 앞서 말한 그 지역은 _____이 있어 현재 투자가들의 관심이 쏠리고 있습니다.

2) | 자 | | 이 죽이듯

▶ 별 힘 안 들이고 무엇을 쉽게 해내는 경우를 비유적으로 이르는 말.

예) 걱정했었는데 _____이 죽이듯 금방 끝내버렸다.

3) | | 벗고 나서다.

▶ 적극적으로 나서다.

예) 그는 나의 일이라면 ___ 벗고 나섰다.

4) | | 몰라라 하다.

▶ 어떤 일에 무관심한 태도로 상관하지도 아니하고 간섭하지도 아니하다.

예) 어떻게 다들 ___ 몰라라 할 수 있어?

5) | 나 | | 가 풀리다.

▶ 정신 상태가 해이하다.

예) _____ 풀린 채로 있지 말고 정신 똑바로 차려.

6) | 사 | | 으 | 을 밟듯이

▶ 겁이 나서 매우 조심스럽게.

예) _____ 밟듯이 조심스럽게 다가갔다.

빈칸에 알맞은 말을 쓰시오.

1) ㄴ 어 미 ㅎ (訥言敏行)

▶ 말은 느려도 실제 행동은 재빠르고 능란함.

2) ㄴ ㅇ 　 ㅅ (綠衣紅裳)

▶ ① 연두저고리와 다홍치마. ② 곱게 차려입은 젊은 여자의 옷차림을 이르
는 말.

3) ㅈ ㄱ 다 ㅊ (自家撞着)

▶ 같은 사람의 말이나 행동이 앞뒤가 서로 맞지 아니하고 모순됨.

4) ㅈ ㄹ 　 ㅁ (指鹿爲馬)

▶ ① 윗사람을 농락하여 권세를 마음대로 함을 이르는 말. ② 모순된 것을 끝까
지 우겨서 남을 속이려는 짓을 비유적으로 이르는 말

5) 　 ㅈ 과 ㅊ (坐井觀天)

▶ 우물 속에 앉아서 하늘을 본다는 뜻으로, 사람의 견문이 매우 좁음을 이르
는 말.

6) ㅎ 　 ㅁ 어 (緘口無言)

▶ 입을 다물고 아무 말도 하지 아니함.

날짜 :

맞힌 개수 :

빈칸에 알맞은 말을 쓰고 문장을 지으시오.

1)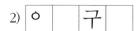

▶ 마음에 불길한 느낌이 들고 꺼림칙하다.

작문)_____

2)

▶ 기를 써서 다투며 욕설을 함. 또는 그런 사람이나 행동.

작문)_____

3)

▶ 하는 짓이나 됨됨이가 매우 어리석고 미련하다.

작문)_____

4)

▶ 짐짓 어기대는 행동.

작문)_____

5)

▶ 겨우 고만한 정도의.

작문)_____

6)

▶ 살아 있는 나무에 붙어 있는, 말라 죽은 가지.

작문)_____

빈칸에 알맞은 말을 쓰시오.

1) 한 ☐ 로 듣고 한 ☐ 로 흘린다.

▶ 남의 말을 귀담아듣지 아니한다는 말.

2) 형만한 ㅇ ㅇ 없다.

▶ 모든 일에 있어 아우가 형만 못하다는 말.

3) ㅈ ㅅ 을 길러 봐야 ㅂ ㅁ 사랑을 안다.

▶ ① 부모의 사랑은 자식이 그 끝을 다 알 수 없을 만큼 깊고 두터움을 이르는 말. ② 무슨 일이든 직접 경험하지 아니하고서는 속까지 다 알기 어려움을 이르는 말.

4) 한강 물 다 먹어야 ㅉ ㄴ

▶ 무슨 일을 처음에 조금만 시험하여 보면 전체적인 것을 짐작하여 볼 수 있음을 이르는 말.

5) 장미꽃에는 ㄱ ㅅ 가 있다.

▶ 사람이 겉으로 좋고 훌륭하여 보여도 남을 해롭게 할 수 있는 요소를 가지고 있어 상대편이 해를 입을 수 있음을 비유적으로 이르는 말.

6) ☐ ㅇ 싸움이 ☐ ㄹ 싸움 된다.

▶ 대수롭지 않은 일이 점차 큰일로 번짐을 비유적으로 이르는 말.

날짜 :

맞힌 개수 :

빈칸에 알맞은 말을 쓰시오.

1) 안타깝게도 그 │ 거 │ │ 는 받아들여지지 않았다.

▶ 개인이나 단체가 의견이나 희망을 내놓음. 또는 그 의견이나 희망.

2) 듣는 사람의 │ ㅊ │ │ 를 생각해서 말해.

▶ 처하여 있는 사정이나 형편.

3) 이 시의 │ ㅇ │ │ 이 인상적이다.

▶ 시문의 음성적 형식. 음의 강약, 장단, 고저 또는 동음이나 유음의 반복으로 이루어진다.

4) 그는 여전히 가지 않겠다고 │ │ ㄱ │ ㅈ │ 을 피웠다.

▶ 융통성이 없이 외곬으로 부리는 고집. 또는 그런 사람.

5) 이 소설의 │ ㅅ │ │ 저 │ 묘사가 인상적이다.

▶ 사물을 있는 그대로 그려 내는. 또는 그런 것.

6) 가락들이 어울려 아름다운 │ │ ㅇ │ 을 만들어냈다.

▶ 높이가 다른 둘 이상의 음이 함께 울릴 때 어울리는 소리. 어울림음, 안어울림음 따위이다.

날짜 :

맞힌 개수 :

빈칸에 알맞은 말을 쓰시오.

7) 최초의 작품이라는 점에서 큰 ☐☐ 가 있다.

▶ 어떤 사실이나 행위 따위가 갖는 중요성이나 가치.

8) 숱한 ☐ㅈ 의 시간이 지나갔다.

▶ 생각이나 말 따위가 어떤 것에 영향을 받아 본래의 모습과 달라짐.

9) 스스로를 ㄱㄹ 시키면 안 된다.

▶ 다른 사람과 어울리어 사귀지 아니하거나 도움을 받지 못하여 외톨이로 됨.

10) 굴하지 않고 ☐ㅅ 으로 밀고 나갔다.

▶ 염치나 두려움이 없이 제 고집대로 버티는 힘.

11) 두 사람의 실력은 ㅆㅃ 을 이루고 있었다.

▶ 여럿 가운데 특별히 뛰어난, 우열을 가리기 어려운 둘을 비유적으로 이르는 말.

12) ㅇㅇㅈ 인 해석만 있을 뿐이었다.

▶ 일정한 기준이나 원칙 없이 하고 싶은 대로 하는. 또는 그런 것.

날짜 :
맞힌 개수 :

빈칸에 알맞은 말을 쓰시오.

(1)	(2)			(3)	
			(4)		
(5)					
(6)			(7)		(8)

가로 풀이

(1) 생체 내에서 생성된 대사산물 중 생체에서 필요 없는 것. 날숨, 땀 따위에 섞여 몸 밖으로 배출되거나 배설된다.
(4) 어떤 일의 좋지 않은 상태를 비유적으로 이르는 말.
(6) 공자가 주역을 즐겨 읽어 책의 가죽끈이 세 번이나 끊어졌다는 뜻으로, 책을 열심히 읽음을 이르는 말.

세로 풀이

(2) 못 쓰게 된 물건.
(3) 삼십 일 동안 아홉 끼니밖에 먹지 못한다는 뜻으로, 몹시 가난함을 이르는 말.
(5) 어떤 말보다 일반적이고 포괄적인 뜻이 있는 말.
(7) 세상에 견줄 데가 없을 정도로 아주 뛰어남.
(8) 닭의 갈비라는 뜻으로, 그다지 큰 소용은 없으나 버리기에는 아까운 것을 이르는 말.

제9강

날짜 : ----------------------

맞힌 개수 : ----------------------

다음 빈칸에 공통으로 들어갈 알맞은 말을 쓰시오.

1) ☐☐ 목숨.

▶ 남에게 손쉽게 죽음을 당할 만큼 보잘것없는 목숨.

예) _____ 목숨쯤으로 여기는 모양이야.

2) 코☐ 가 높다.

▶ 잘난 체하고 뽐내는 태도가 있다.

예) 그녀는 예쁘고 뛰어나서 _____가 높을 것 같았다.

3) 나☐의 말을 하다.

▶ 이러쿵저러쿵 남에 대하여 뒷말을 하거나 시비하다.

예) ___의 말을 하는 것을 별로 좋아하지 않습니다.

4) ☐이 없다.

▶ 어떤 일에 열중하여 정신이 없다.

예) 그는 그 책을 읽느라 _____이 나갔다.

5) ㅅ ㅌ 를 틀다.

▶ 총각이 장가들어 어른이 되다.

예) 마침내 사촌 형이 _____를 틀었다.

6) ㅈ☐ㄴ 사정이 좋다.

▶ 쓸 자금이나 돈의 형편이 넉넉하다.

예) 그녀는 요즘 _____ 사정이 좋은 모양이었다.

날짜 :

맞힌 개수 :

빈칸에 알맞은 말을 쓰시오.

1) | ㅈ | | ㅅ | (長幼有序)

▶ 오륜의 하나. 어른과 어린이 사이의 도리는 엄격한 차례가 있고 복종해야 할 질서가 있음을 이른다.

2) | ㅈ | ㅇ | | (晝耕夜讀)

▶ 낮에는 농사짓고, 밤에는 글을 읽는다는 뜻으로, 어려운 여건 속에서도 꿋꿋이 공부함을 이르는 말.

3) | ㅈ | ㅂ | | (重言復言)

▶ 이미 한 말을 자꾸 되풀이함. 또는 그런 말.

4) | | ㅎ | ㅁ | (眼下無人)

▶ 눈 아래에 사람이 없다는 뜻으로, 방자하고 교만하여 다른 사람을 업신여김을 이르는 말.

5) | ㅁ | | ㅈ | (聞一知十)

▶ 하나를 듣고 열 가지를 미루어 안다는 뜻으로, 지극히 총명함을 이르는 말.

6) | 하 | | ㅁ | (緘口無言)

▶ 입을 다물고 아무 말도 하지 아니함.

날짜 :

맞힌 개수 :

빈칸에 알맞은 말을 쓰고 문장을 지으시오.

1)

▶ 깨끗하고 반지르르 윤이 나는 모양.

작문)_____

2)

▶ 일이나 물건에 문제가 생기게 만들어 그르치다.

작문)_____

3)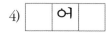

▶ ① 약삭빠른 수단 ② 서로 가까이 아는 사람

작문)_____

4)

▶ ① 알지 못하는 가운데 지나가는 시간이 매우 빠르다.
　② 보람이나 쓸모가 없어 헛되고 허전하다.

작문)_____

5)

▶ ①부수적인 것. ②당사자가 아닌 주변의 사람.

작문)_____

6)

▶ 해가 서쪽으로 넘어가는 일. 또는 그런 때.

작문)_____

빈칸에 알맞은 말을 쓰시오.

1) ㅎ[ ]에 [ ] 던지기

▶ ① 어떤 사물이 지나치게 미미하여 일을 하는 데에 효과나 영향이 전혀 없다는 말. ② 아무리 투자를 하거나 애를 써도 보람이 전혀 없다는 말.

2) 한 치 앞이 ㅇ[ ]

▶ 사람의 일은 미리 짐작할 수 없다는 말.

3) 병든 ㄲ ㅁ [ ] 어물전 돌듯

▶ 병들어 구실을 제대로 못하는 까마귀가 그래도 무엇인가 얻어먹을 것이 있을까 하여 어물전 위를 빙빙 돌고 있다는 뜻으로, 탐나는 것의 주위에서 미련을 가지고 떠나지 못하고 맴도는 모양을 비유적으로 이르는 말.

4) 알고 보니 수원 나[ ] ㄴ

▶ 누군가 싶었는데 알고 보니 그 전부터 잘 아는 수원 나그네였다는 뜻으로, 처음엔 누군지 몰라보았으나 깨달아 알고 보니 알던 사람이라는 말.

5) 어느 [ ]에 [ ] 가 올지

▶ 일의 결과는 미리 짐작할 수 없다는 말.

6) 언 [ ] 타 같다.

▶ 기진한 듯 몰골이 초췌하여 쭈그리고 앉은 모양을 비유적으로 이르는 말.

날짜 :

맞힌 개수 :

빈칸에 알맞은 말을 쓰시오.

1) 이 글의 | ㅈ | 는 무엇일까?

▶ ① 대화나 연구 따위에서 중심이 되는 문제. ② 예술 작품에서 지은이가 나타내고자 하는 기본적인 사상.

2) 물건을 고르는 | ㅇ | 을 길러야 겠다.

▶ 사물을 보고 분별하는 견식.

3) | ㅅ | 한 지 어느덧 3년이 지났다.

▶ 지방에서 서울로 감.

4) 잠시 | | ㅅ | 에 잠겼다.

▶ 지난 일을 돌이켜 생각함. 또는 그런 생각.

5) 부디 | ㅅ | | 을 지켜주시기 바랍니다.

▶ 상업 활동에서 지켜야 할 도덕. 특히 상업자들 사이에서 지켜야 할 도의를 이른다

6) 모두 그의 | ㅈ | 에 따랐다.

▶ 목적을 효과적으로 이루기 위하여 단체의 행동을 통솔함.

날짜 :

맞힌 개수 :

빈칸에 알맞은 말을 쓰시오.

7) 그의 간곡한 | 귀 | | 를 뿌리치지 못했다.

▶ 어떤 일 따위를 하도록 권함.

8) 창가에 비친 햇볕이 | 다 | | | |.

▶ 따뜻한 기운이 조금 있다.

9) 그들과 대화를 나누면서 | ㅅ | | ㄱ | 을 느꼈다.

▶ 남에게 따돌림을 당하여 멀어진 듯한 느낌.

10) 충분히 | ㅅ | | 되었습니다.

▶ 효소나 미생물의 작용에 의하여 발효된 것이 잘 익음.

11) 그는 | ㅈ | | 있는 사람이다.

▶ 원칙과 신념을 굽히지 아니하고 끝까지 지켜 나가는 꿋꿋한 의지. 또는 그런 기개.

12) 이렇게 | | 처 | | 이 될 줄은 꿈에도 몰랐다.

▶ 오라고 청하지 않았는데도 스스로 찾아온 손님.

날짜 :

맞힌 개수 :

빈칸에 알맞은 말을 쓰시오.

(1)	(2)			(3)	
				(4)	
(5)					
(6)			(7)		(8)

가로 풀이

(1) 늦가을에 처음 내리는 묽은 서리.
(4) 보호하여 줌.
(6) 용의 머리와 뱀의 꼬리라는 뜻으로, 처음은 왕성하나 끝이 부진한 현상을 이르는 말.

세로 풀이

(2) 사건이나 생각 따위를 차례대로 말하거나 적음.
(3) 어떤 일에 대하여 옳거니 옳지 아니하거니 하고 말함.
(5) 두 개 이상의 단어로 이루어져 있으면서 그 단어들의 의미만으로는 전체의 의미를 알 수 없는, 특수한 의미를 나타내는 어구.
(7) 어지럽게 갈래가 져서, 한번 들어가면 다시 빠져나오기 어려운 길
(8) 동물의 알 속에서 새끼가 껍데기를 깨고 밖으로 나옴. 또는 그렇게 되게 함.

제10강

날짜 : _____

맞힌 개수 : _____

다음 빈칸에 공통으로 들어갈 알맞은 말을 쓰시오.

1) [ㅈ |] 살기로

▶ 매우 열심히.

예) _____ 살기로 덤비면 반드시 결과를 얻을 수 있을 거야.

2) [ㅈ |] 를 못 하다.

▶ 짐스럽고 귀찮아 감당을 못 하다

예) 숙제가 너무 많아 _____를 못할 지경이다.

3) [ ] 수 없이

▶ 매우 많이 혹은 무수히.

예) ____ 수 없이 많은 기회가 있었지만 잡지 못했다.

4) [ ] 를 빼다.

▶ ① 어떤 자리를 피하여 벗어나다. ② 발뺌을 하다.

예) 나서서 일하던 그가 갑자기 ____를 빼기 시작했다.

5) [ㄸ |] 을 덮다.

▶ 하던 말이나 일을 그만두다.

예) 이제 그만 이야기하고 뚜껑을 덮도록 하자.

6) [ㄷ | 리] 를 긁다.

▶ 다 끝난 말을 다시 하여 되통스럽게 굴다.

예) 자꾸 그렇게 뒷다리 긁지 마라.

날짜 :

맞힌 개수 :

빈칸에 알맞은 말을 쓰시오.

1)  (文房四友)

▶ 종이, 붓, 먹, 벼루의 네 가지 문방구.

2)  (氣高萬丈)

▶ ① 펄펄 뛸 만큼 대단히 성이 남. ② 일이 뜻대로 잘될 때, 우쭐하여 뽐내는 기세가 대단함.

3)  (骨肉相爭)

▶ 가까운 혈족끼리 서로 싸움.

4) 과 ㅁ (刮目相對)

▶ 눈을 비비고 상대편을 본다는 뜻으로, 남의 학식이나 재주가 놀랄 만큼 부쩍 늚을 이르는 말.

5) ㅁ ㅅ (權謀術數)

▶ 목적 달성을 위하여 수단과 방법을 가리지 아니하는 온갖 모략이나 술책.

6) 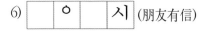 (朋友有信)

▶ 오륜의 하나. 벗과 벗 사이의 도리는 믿음에 있음을 이른다.

날짜 : _____

맞힌 개수 : _____

빈칸에 알맞은 말을 쓰고 문장을 지으시오.

1)

▶ 단념할 수밖에 달리 어찌할 도리가 없다.

작문)_____

2)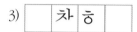

▶ 어려운 일이나 난처한 경우를 잘 피하거나 약게 처리하는 꾀가 많다.

작문)_____

3)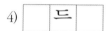

▶ ① 마음에 썩 내키지 아니하여 물건을 부질없이 이것저것 집적거려 해치다.
   ② 일에는 마음을 두지 아니하고 쓸데없이 다른 짓을 하다.

작문)_____

4)

▶ 별안간 호들갑스럽게 펄쩍 뛸 듯이 놀라는 모양.

작문)_____

5) ㅁ ☐ 라 ☐

▶ 뱃사람들의 은어로, '남풍(南風)'을 이르는 말.

작문)_____

6) ㅁ ㄷ ☐

▶ ① 생가죽, 실 따위를 매만져서 부드럽게 만드는 일.
   ② 몹시 배가 고프거나 속병이 나서 속이 쓰리고 아픈 경우를 비유적으로 이르는 말.

작문)_____

날짜 :

맞힌 개수 :

빈칸에 알맞은 말을 쓰시오.

1) 아끼다 [ ] 된다.

▶ 물건을 너무 아끼기만 하다가는 잃어버리거나 못 쓰게 됨을 비유적으로 이르는 말

2) [치] 발린 [ ]

▶ 겉으로만 꾸며서 듣기 좋게 하는 말을 비유적으로 이르는 말.

3) 밑져야 [보]

▶ ① 밑졌대야 이득을 보지 못했을 뿐 본전은 남아 있다는 뜻으로, 일이 잘못
되어도 손해 볼 것은 없다는 말. ② 손해 볼 것이 없으니 한번 해 보아야 한
다는 말.

4) [ㄷ ㄷ]이 제 [ ] 저리다.

▶ 지은 죄가 있으면 자연히 마음이 조마조마하여짐을 비유적으로 이르는 말.

5) 부엉이 [고]

▶ 부엉이는 둥지에 먹을 것을 많이 모아 두는 버릇이 있다는 데서, 없는 것이
없이 무엇이나 다 갖추어져 있는 경우를 비유적으로 이르는 말.

6) [ㅇ] 보는 데는 [ㅊ]도 못 먹는다.

▶ ① 아이들은 보는 대로 모방하므로 아이들이 볼 때는 함부로 행동하거나 말
을 하여서는 안 됨을 비유적으로 이르는 말.
② 남이 하는 것을 바로 그대로 따라 하는 경우를 비꼬는 말.

날짜 :

맞힌 개수 :

빈칸에 알맞은 말을 쓰시오.

1) 가 [ ] ㅎ 문장이 마음에 들었다.

▶ 간단하면서도 짜임새가 있다.

2) [ ] 파 에는 아무런 이상이 없었다.

▶ 뇌의 활동에 의하여 일어나는 전류. 간질, 뇌종양, 의식 장애 따위의 뇌 질환 진단에 이용한다.

3) 드디어 대 다 [ ] 의 막이 내렸다.

▶ 연극이나 소설 따위에서, 모든 사건을 해결하고 끝을 내는 마지막 장면.

4) [ ] ㅈ 저 인 능력이 과연 있을까?

▶사물과 현상의 모든 것을 다 아는. 또는 그런 것.

5) 그가 도착한 시간은 8시 어 [ ] 리 다.

▶ 어떤 나이나 시간의 전후.

6) ㅈ [ ] 천재다.

▶ 자기 자신이나 자기가 한 일을 스스로 칭찬함.

빈칸에 알맞은 말을 쓰시오.

7) 노 □ 의 비약이 심해서 설득력이 반감되었다.

▶ 말이나 글에서 사고나 추리 따위를 이치에 맞게 이끌어 가는 과정이나 원리.

8) 이 글은 ㅅ □ 이다.

▶ 일정한 형식을 따르지 않고 인생이나 자연 또는 일상생활에서의 느낌이나
체험을 생각나는 대로 쓴 산문 형식의 글.

9) 여 거 □ 실수를 저지르고 나니 차마 고개를 들 수 없었다.

▶ 잇따라 여러 번 되풀이하여.

10) 미리 힘을 ㅂ □ 해두었다.

▶ 만약의 경우를 대비하여 미리 갖추어 모아 두거나 저축함.

11) 사 □ 리 에 난 길을 따라갔다.

▶ 산등성이의 잘록하게 들어간 곳.

12) 그 눈짓은 □ ㅂ □ 의도적인 것이었다.

▶ 그 비율이 어느 정도 많게

날짜 :

맞힌 개수 :

빈칸에 알맞은 말을 쓰시오.

(1)	(2)		(3)		
			(6)		(7)
	(4)		(5)		
(8)					

가로 풀이

(1) 줏대 없이 남의 의견에 따라 움직임.
(4) 어떤 대상에 대하여 애착을 느끼는 마음.
(6) 거의 쓰는 마음이 없음.
(8) 꿈속의 꿈이란 뜻으로, 이 세상이 덧없음을 비유적으로 이르는 말.

세로 풀이

(2) 무슨 일을 하는 데에 가장 중요한 부분을 완성함을 비유적으로 이르는 말. 용을 그리고 난 후에 마지막으로 눈동자를 그려 넣었더니 그 용이 실제 용이 되어 홀연히 구름을 타고 하늘로 날아 올라갔다는 고사에서 유래한다.
(3) 움직이거나 변하는 모습.
(5) 쌀과 벼를 아울러 이르는 말.
(7) 깊이 잘 생각함.

제11강

날짜 :

맞힌 개수 :

다음 빈칸에 공통으로 들어갈 알맞은 말을 쓰시오.

1) ☐ 기 을 두다.

▶ 빠져나갈 수 있는 여지를 남겨 두다.

예) 어떤 일을 하더라도 꼭 ____을 두는 것을 잊지 마.

2) 어 ☐ 을 고치다.

▶ ① 화장을 다시 하다. ② 사람을 대할 때 마음가짐이나 태도를 바꾸다.

예) 데면데면했던 그녀가 ____을 고치고 환대했다.

3) ☐ 에 채다.

▶ 여기저기 흔하게 널려 있다.

예) 요즘 그것은 ____에 챌 정도로 흔하다.

4) ☐ 을 들이다.

▶ 일이나 말을 할 때에, 쉬거나 여유를 갖기 위해 서둘지 않고 한동안 가만히 있는 경우를 비유적으로 이르는 말.

예) 한참 ____을 들이고 나서야 말을 시작했다.

5) ㄷ ☐ 보다.

▶ 어떤 결과가 될지를 일정 기간 동안 살펴보다.

예) 결과는 ____ 봐야 알 수 있다.

6) ㄸ ☐ ㅇ 맛을 보다.

▶ 호된 고통이나 어려움을 겪다

예) ____ 맛을 보기 전에 정신 차리는 것이 좋다.

날짜 :

맞힌 개수 :

빈칸에 알맞은 말을 쓰시오.

1) 노 [ ] ㅎ [ ] (論功行賞)

▶ 공적의 크고 작음 따위를 논의하여 그에 알맞은 상을 줌.

2) [ ] 라 ㅈ [ ] (累卵之危)

▶ 층층이 쌓아 놓은 알의 위태로움이라는 뜻으로, 몹시 아슬아슬한 위기를 비유적으로 이르는 말.

3) 나 [ ] ㅇ [ ] (男尊女卑)

▶ 사회적 지위나 권리에 있어 남자를 여자보다 우대하고 존중하는 일.

4) 다 [ ] [ ] ㅇ [ ] (多岐亡羊)

▶ ① 갈림길이 많아 잃어버린 양을 찾지 못한다는 뜻으로, 두루 섭렵하기만 하고 전공하는 바가 없어 끝내 성취하지 못함을 이르는 말. ② 방침이 많아서 도리어 갈 바를 모름.

5) [ ] ㅇ [ ] ㅂ [ ] (大義名分)

▶ ① 사람으로서 마땅히 지키고 행하여야 할 도리나 본분.
② 어떤 일을 꾀하는 데 내세우는 합당한 구실이나 이유.

6) [ ] ㅂ [ ] 처 [ ] (吾鼻三尺)

▶ 내 코가 석 자라는 뜻으로, 자기 사정이 급하여 남을 돌볼 겨를이 없음을 이르는 말.

날짜 :

맞힌 개수 :

빈칸에 알맞은 말을 쓰고 문장을 지으시오.

1)

▶ 보기에 깨끗하고 깔끔한 데가 있게.

작문) _____

2)

▶ 어찌할 줄을 몰라 갈팡질팡하며 자꾸 다급하게 서두르는 모양.

작문) _____

3)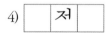

▶ 하는 짓이나 말 따위가 얄밉게 잘고 더럽다.

작문) _____

4)

▶ 나이가 아주 젊다.

작문) _____

5)

▶ 손으로 어떤 모양이나 움직임을 나타내는 짓.

작문) _____

6)

▶ 어떤 사실의 물음에 대하여 거짓으로 꾸며 대답하다.

작문) _____

날짜 :

맞힌 개수 :

빈칸에 알맞은 말을 쓰시오.

1) | ㄱ | ㅈ | | 에 절다.

▶짠 간장국을 먹고 몸이 마른다는 뜻으로, 오래 찌들어서 바짝 마르고 단단함
을 이르는 말.

2) 사람은 얼굴보다 | ㅁ | | 이 고와야 한다.

▶ 사람에게 있어서 인물이 잘생긴 것보다 마음씨가 훌륭한 것이 더 중요함을
이르는 말.

3) | ㅇ | | 의 여지가 없다.

▶송곳 끝도 세울 수 없을 정도라는 뜻으로, 발 들여놓을 데가 없을 정도로 많
은 사람들이 꽉 들어찬 경우를 비유적으로 이르는 말.

4) 방 보아 | | 싼다.

▶ ① 사람의 지위나 우열 따위를 보아 대우를 달리한다는 말. ② 잘 살펴서 경
우에 맞는 처사를 한다는 말.

5) 말 뒤에 | | 이 있다.

▶ 말에는 겉으로 드러나지 아니한 속뜻이 있다는 말.

6) 큰물에 | | 고기 논다.

▶ 활동 무대가 커야 통이 큰 사람도 모이고 클 수도 있음을 비유적으로 이르
는 말.

날짜 :

맞힌 개수 :

빈칸에 알맞은 말을 쓰시오.

1) | ㅇ | | 하 | 눈빛으로 가만히 바라보았다.

▶ ① 몹시 가냘프고 약하다. ② 애처롭고 애틋하다.

2) 그가 자신을 | ㅂ | | 하는 태도가 좋게 보이지 않았다.

▶ 업신여겨 낮춤.

3) | ㅈ | ㅅ | | 의 특징에는 무엇이 있니?

▶ 주로 무거운 내용을 담고 있는 논리적이고 객관적인 수필. 비개성적인 것으로, 비평적 수필 · 과학적 수필 따위가 있다.

4) | ㅈ | | 에 대한 대비를 철저히 해야 합니다.

▶ 뜻밖에 일어난 재앙과 고난.

5) 이곳은 사과의 | | ㄱ | ㅈ | 이다.

▶ 어떤 활동이나 생산이 이루어지는 본디의 중심지.

6) | 과 | | ㅈ | 인 태도가 마음에 들지 않았다.

▶ 행동력이 없이 무관심하게 보거나 수수방관하는. 또는 그런 것.

날짜 :

맞힌 개수 :

빈칸에 알맞은 말을 쓰시오.

7) 그의 시는 아무런 ☐ㄱ☐ 을 주지 못했다.

▶ 마음속 깊이 감동받아 일어나는 흥취.

8) 이 글의 ☐ㅅ☐ 는 무엇이니?

▶ 예술 작품에서 지은이가 말하고자 하는 바를 나타내기 위해 선택하는 재료.

9) 저의 자료를 ☐고☐ 하겠습니다.

▶ 두 사람 이상이 한 물건을 공동으로 소유함.

10) 그 일만 생각하면 ☐ㅈ☐ ☐ㄱ☐ 이 든다.

▶ 저지른 잘못에 대하여 책임을 느끼는 마음.

11) 줄곧 반대만 하는 그를 ☐오☐ 해주는 것이 어려웠다.

▶ 두둔하고 편들어 지킴.

12) 올바른 ☐ ☐ㅊ☐ ☐ 을 형성할 수 있도록 지도하십시오.

▶ 가치에 대한 관점. 인간이 자기를 포함한 세계나 그 속의 사상에 대하여 가지는 평가의 근본적 태도이다.

날짜 :

맞힌 개수 :

빈칸에 알맞은 말을 쓰시오.

(1)		(2)		(5)	
(3)	(4)			(6)	(7)
			(8)		

가로 풀이

(1) 아주 맑다.
(3) 살아 있는 나무에 붙어 있는, 말라 죽은 가지.
(6) 뼈와 살을 아울러 이르는 말.

세로 풀이

(2) 주로 부엌 위에 이 층처럼 만들어서 물건을 넣어 두는 곳. 보통 출입구는 방 쪽에 있다.
(4) 머리 위의 숫구멍이 있는 자리.
(5) 달걀에도 뼈가 있다는 뜻으로, 운수가 나쁜 사람은 모처럼 좋은 기회를 만나도 역시 일이 잘 안됨을 이르는 말.
(7) 육상으로 난 길.
(8) 너무 많이 먹어서 완전히 삭지 아니하고 밀려 나오는 똥.

제12강

다음 빈칸에 공통으로 들어갈 알맞은 말을 쓰시오.

1) ┌─┬──┐
   │ ㄷ │ │ 이 쓰다.
   └─┴──┘

   ▶ 어떤 일이 끝난 다음에 남은 느낌이 좋지 않다.

   예) 일을 대충 마무리는 했지만 어쩐지 _____이 쓰다.

2) ┌─┬──┐
   │ ㅅ │ │ 을 등지다.
   └─┴──┘

   ▶ 깊은 산속 같은 데에 들어가 사회와 인연을 끊고 살다.

   예) _____을 등지고 살아온지 10년이 넘었다.

3) ┌──┐
   │ │ 이 무겁다.
   └──┘

   ▶ 함부로 경솔하게 말하지 아니하고 신중하다.

   예) 연호는 _____이 무거워서 신뢰가 간다.

4) ┌───┐
   │ 야 │ 을 올리다.
   └───┘

   ▶ 비위가 상하여 언짢거나 은근히 화가 나게 하다.

   예) 그의 비꼬는 말을 듣고 있자니 슬슬 _____이 올랐다.

5) ┌───┬──┐
   │ 보 │ │ 눈이 있다.
   └───┴──┘

   ▶ 사람이나 일 따위를 평가하는 능력이 있다.

   예) 사람을 _____ 눈을 길러야 한다.

6) ┌───┬──┐
   │ 어 │ │ 오늘 할 것 없이
   └───┴──┘

   ▶ 날짜를 가리거나 따질 것 없이.

   예) _____ 오늘 할 것 없이 계속 저러고 있다.

날짜 :

맞힌 개수 :

빈칸에 알맞은 말을 쓰시오.

1) 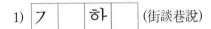 (街談巷說)

▶ 거리나 항간에 떠도는 소문.

2)  (孤立無援)

▶ 고립되어 구원을 받을 데가 없음.

3) 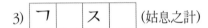 (姑息之計)

▶ 우선 당장 편한 것만을 택하는 꾀나 방법. 한때의 안정을 얻기 위하여 임시
로 둘러맞추어 처리하거나 이리저리 주선하여 꾸며 내는 계책을 이른다.

4) 나 ㅂ (難攻不落)

▶ 공격하기가 어려워 쉽사리 함락되지 아니함.

5) ㅊ 서 (取捨選擇)

▶ 여럿 가운데서 쓸 것은 쓰고 버릴 것은 버림.

6) ㅈ 하 (知行合一)

▶ 지식과 행동이 서로 맞음.

빈칸에 알맞은 말을 쓰고 문장을 지으시오.

1)

ㅊ	ㅅ		다

▶ 지나치게 치켜세우다.

작문)＿＿＿＿＿＿＿＿＿＿＿＿＿＿＿＿＿＿＿＿＿＿

2)

ㅅ		ㅂ	

▶첫가을에 부는 서늘한 바람.

작문)＿＿＿＿＿＿＿＿＿＿＿＿＿＿＿＿＿＿＿＿＿＿

3)

ㅊ		ㅎ	

▶ 축축하고 끈끈하여 불쾌한 느낌이 있다.

작문)＿＿＿＿＿＿＿＿＿＿＿＿＿＿＿＿＿＿＿＿＿＿

4)

ㅎ		ㅁ

▶ 허리까지 닿을 만한 깊이의 물.

작문)＿＿＿＿＿＿＿＿＿＿＿＿＿＿＿＿＿＿＿＿＿＿

5)

ㅈ		리

▶ ① 자로 재어 팔거나 재단하다가 남은 천의 조각.
　② 어떤 기준에 미치지 못할 정도로 작거나 적은 조각.

작문)＿＿＿＿＿＿＿＿＿＿＿＿＿＿＿＿＿＿＿＿＿＿

6)

	ㅁ	ㅇ

▶크고 넓게 생각하는 마음씨.

작문)＿＿＿＿＿＿＿＿＿＿＿＿＿＿＿＿＿＿＿＿＿＿

빈칸에 알맞은 말을 쓰시오.

1) 한 달이 ┌ㅋ┐ 한 달이 ┌다┐ .

▶ 한 번 좋은 일이 있으면 다음에는 궂은일도 있는 것처럼 세상사는 좋고 나쁜 일이 돌고 돈다는 말.

2) 처삼촌 뫼에 ┌ㅂ┐ 하듯

▶ 일에 정성을 들이지 아니하고 마지못하여 건성으로 함을 비유적으로 이르는 말.

3) ┌ ㅈ 자┐에 ┌ ┐ 한 방울 떨어지듯

▶ 매우 사소하지만 흔적이 남을 때 이르는 말.

4) 뛰어야 ┌ㅂ┐

▶ 도망쳐 보아야 크게 벗어날 수 없다는 말.

5) 언 발에 ┌ㅇ┐ 누기

▶ 언 발을 녹이려고 오줌을 누어 봤자 효력이 별로 없다는 뜻으로, 임시변통은 될지 모르나 그 효력이 오래가지 못할 뿐만 아니라 결국에는 사태가 더 나빠짐을 비유적으로 이르는 말.

6) ┌ ┐ 먹은 ┌ㅈ┐

▶ 할 말이 있어도 못하고 있거나 겁이 나서 기를 펴지 못하고 꼼짝 못 하는 사람을 비유적으로 이르는 말.

날짜 :
맞힌 개수 :

빈칸에 알맞은 말을 쓰시오.

1) 구체적인 | 예 | | 를 들어 설명하세요.

▶ 예를 들어 보임.

2) 병원균이 | 자 | | 해 있는 상태다.

▶ 병원체에 감염되어 있으면서도 병의 증상이 겉으로 드러나지 않음. 또는 그 런 상태.

3) 앞마당에 | | ㄱ | ㅁ | 를 놓았다.

▶ 새끼나 노 따위로 옭아서 고를 내어 짐승을 잡는 장치.

4) 그의 첫 | ㅁ | 다 | 을 다시 읽었다.

▶ 글에서 하나로 묶을 수 있는 짤막한 단위. 한 편의 글은 여러 개의 문단으로 구성된다.

5) 그의 | | ㅅ | 시 | 한 태도에 어이가 없었다.

▶ 상식이 전혀 없음.

6) 내가 좋아하는 | 겨 | ㅅ | | 이라 술술 읽힌다.

▶ 생활 주변에서 일어나는 사소한 일을 소재로 가볍게 쓴 수필. 감성적 · 주관 적 · 개인적 · 정서적 특성을 지니는 신변잡기이다.

날짜 :
_____

맞힌 개수 :
_____

빈칸에 알맞은 말을 쓰시오.

7) 어른을 [고　] 하는 예의바른 학생이 되어야 한다.

  ▶ 공손히 받들어 모심.

8) [ㅁ　]를 자각하고 태도를 바꾸었다.

  ▶ 아는 것이 없음.

9) [ㅂ　]을 오르고 나니 땀이 쏟아졌다.

  ▶ 산이나 언덕 따위가 기울어진 상태나 정도. 또는 그렇게 기울어진 곳.

10) 이젠 그 이야기만 들어도 [지　　]가 난다.

  ▶ 몹시 싫증이 나거나 귀찮아 떨쳐지는 몸짓.

11) 저 아름다운 [서　]을 보라.

  ▶ 눈이 내리거나 눈이 쌓인 경치.

12) 그것이 내가 작품을 창작하는 [ㅇ　려]이다.

  ▶ 어떤 움직임의 근본이 되는 힘.

날짜 :

맞힌 개수 :

빈칸에 알맞은 말을 쓰시오.

(1)	(2)			(4)	(5)
	(3)				
(9)			(7)		
(6)			(8)		

가로 풀이

(1) 곡식을 그러모으고 펴거나, 밭의 흙을 고르거나 아궁이의 재를 긁어 모으는 데에 쓰는 'T'자 모양의 기구.
(3) 베어서 말린 풀. 주로 사료나 퇴비로 쓴다.
(4) 현실에 매이지 않고 감상적이고 이상적으로 사물을 대하는 태도나 심리. 또는 그런 분위기.
(6) 남의 명령이나 의사를 그대로 따라서 좇음.
(8) 한 사람씩 이름을 불러 인원이 맞는가를 알아봄.
(9) 어떠한 일에 종사한 햇수.

세로 풀이

(2) 재미나 멋이 없이 메마름.
(5) 아무런 탈 없이 아주 오래 삶.
(7) 많은 남자 사이에 끼어 있는 한 사람의 여자를 비유적으로 이르는 말.

다음 빈칸에 공통으로 들어갈 알맞은 말을 쓰시오.

1) ☐☐ 에 넣다.

▶ 꾀를 써서 남을 걸려들게 하다.

예) 조심해. 너를 _____에 넣어 골탕먹일지도 몰라.

2) ☐ ㄱ 좋게

▶ 남이 낭패 본 것을 고소해하며 비꼬아 이르는 말.

예) 눈오는 날 구두를 신고 가다가 _____ 좋게 넘어졌다.

3) ☐ 을 멈추다.

▶ 하던 동작을 잠깐 그만두다.

예) 전화벨이 울리자 잠시 ___을 멈추고 시계를 보았다.

4) ☐ 을 뱉다.

▶ 아주 치사스럽게 생각하거나 더럽게 여기어 돌아보지도 아니하고 멸시하다.

예) 사람들이 비난하며 ___을 뱉을 사건이다.

5) ㄷ ☐ 이 흐리다.

▶ 어떤 일의 끝맺음이 확실하지 않다

예) _____이 흐린 것은 좋지 않다.

6) ㄷ ㄷ ☐ 를 잡히다.

▶ 꼼짝 못 하고 잡히다

예) 결국 그 실수로 _____를 잡히고 말았다.

날짜 : _____

맞힌 개수 : _____

빈칸에 알맞은 말을 쓰시오.

1) 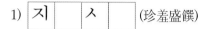 (珍羞盛饌)

▶ 푸짐하게 잘 차린 맛있는 음식.

2) 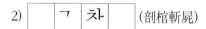 (剖棺斬屍)

▶ 죽은 뒤에 큰 죄가 드러난 사람을 극형에 처하던 일. 무덤을 파고 관을 꺼내어 시체를 베거나 목을 잘라 거리에 내걸었다.

3) 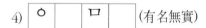 (烏合之卒)

▶ 까마귀가 모인 것처럼 질서가 없이 모인 병졸이라는 뜻으로, 임시로 모여들어서 규율이 없고 무질서한 병졸 또는 군중을 이르는 말.

4) 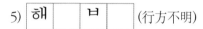 (有名無實)

▶ 이름만 그럴듯하고 실속은 없음.

5)  (行方不明)

▶ 간 곳이나 방향을 모름.

6)  (百年偕老)

▶ 부부가 되어 한평생을 사이좋게 지내고 즐겁게 함께 늙음.

날짜 : ----------------------------

맞힌 개수 : ----------------------------

빈칸에 알맞은 말을 쓰고 문장을 지으시오.

1)

▶ 시시하고 보잘것없다.

작문)_____

2)

▶ 물건이 거듭 쌓이거나 일이 계속 일어남을 나타내는 말.

작문)_____

3)

▶ 좋은 것이 빠지고 난 뒤에 남은 허름한 물건.

작문)_____

4)

▶ 여러 날 동안 억수로 내리는 장마.

작문)_____

5)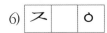

▶ 엉기어 말라붙은 소금 덩이.

작문)_____

6) ㅈ　　ㅇ

▶ 조금 좁은 듯이.

작문)_____

날짜 :

맞힌 개수 :

빈칸에 알맞은 말을 쓰시오.

1) 치 | | 짜리 돼지 | | 같다.

▶ 아무짝에도 쓸모없음을 비유적으로 이르는 말.

2) 만나자 ㅇ | |

▶ 서로 만나자마자 곧 헤어짐을 이르는 말.

3) 드나드는 ㄱ | 가 | 을 문다.

▶ 꾸준하게 열성적으로 노력하는 사람이 일을 이루고 재물을 얻을 수 있다는 말.

4) 살아가면 ㄱ | |

▶ 오래 살면서 정이 들면 곧 고향처럼 정다워진다는 뜻으로, 어느 곳이든지 마음을 붙이고 살아가면 고향과 같이 정이 든다는 말.

5) ㅂ ㄴ | 가는 데 | 간다.

▶ 바늘이 가는 데 실이 항상 뒤따른다는 뜻으로, 사람의 긴밀한 관계를 비유적으로 이르는 말.

6) | | 도 오 | ㅁ | 가 있어야 한다.

▶ 장사에는 밑천이 있어야 한다는 뜻으로, 준비 없이는 어떤 일을 이룰 수 없음을 이르는 말.

날짜 :

맞힌 개수 :

빈칸에 알맞은 말을 쓰시오.

1) 다소 | ㅅ | | 하 | 표현에 어리둥절했다.

▶ 글의 표현이 세련되지 못하고 어설프다.

2) 다친 들고양이를 | ㅍ | | 하는 데 성공했다.

▶ 짐승이나 물고기를 잡음.

3) 그렇게 | ㅇ | | ㅁ | | 하고만 있을 때가 아니야.

▶ 정신이 얼떨떨하여 어찌할 바를 모르는 모양.

4) 수련 기간이 끝나고 한 계급 | ㅅ | | 하였다.

▶ 지위나 등급 따위가 오름. 또는 지위나 등급 따위를 올림.

5) 이곳은 | ㄱ | | ㅈ | | 이니 금연하여 주십시오.

▶ 사회의 여러 사람 또는 여러 단체에 공동으로 속하거나 이용되는 곳.

6) 새로운 | | ㄹ | | ㅌ | 가 시작되었다.

▶ 연구나 사업. 또는 그 계획.

날짜 :

맞힌 개수 :

빈칸에 알맞은 말을 쓰시오.

7) 옛 편지를 보니 새삼 □ □ 에 잠겼다.

▶ 마음을 서글프게 하는 슬픈 시름.

8) 원활한 □ □ 으로 문제가 잘 해결되었다.

▶ 가지고 있는 생각이나 뜻이 서로 통함.

9) 일은 하지 않고 밥만 □ □ 있어 눈총을 받았다.

▶ 일정한 수나 양에서 모자람이 생기게 하다.

10) 그들의 □ □ 에 속수무책 당하고 말았다.

▶ 어떤 일을 꾸미고 이루어 나가는 교묘한 방법.

11) 그 발언을 한 □ □ 가 무엇일까?

▶ 겉으로 드러나지 아니한, 속에 품은 생각.

12) □ □ 덕분에 일을 잘 성사시키게 되었다.

▶ 남을 도와 꾀를 내는 사람.

날짜 :

맞힌 개수 :

빈칸에 알맞은 말을 쓰시오.

(1)	(2)		(3)		(4)
(5)	(6)		(8)		
			(7)		

가로 풀이

(1) 이름만 그럴듯하고 실속은 없음.
(5) 단단한 것이 부드럽고 무르게 됨. 또는 그렇게 함.
(7) 연극이나 소설 따위에서, 모든 사건을 해결하고 끝을 내는 마지막 장면.

세로 풀이

(2) 아주 잘 그린 그림. 또는 유명한 그림.
(3) 실수로 잘못 말함. 또는 그렇게 한 말.
(4) 늙어서 효도함을 이르는 말. 중국 초나라의 노래자가 일흔 살에 늙은 부모님을 위로하려고 색동저고리를 입고 어린이처럼 기어 다녀 보였다는 데서 유래한다.
(6) 숯불을 담아 놓는 그릇. 주로 불씨를 보존하거나 난방을 위하여 쓴다.
(8) 무거운 물건을 움직이는 데에 쓰는 막대기.

제14강

다음 빈칸에 공통으로 들어갈 알맞은 말을 쓰시오.

1) | ㄷ | | 을 지다.

▶ 어떤 일에 자신은 전혀 상관없는 것처럼 구경만 하고 있다.

예) 가만히 ____을 지고 있는 그가 얄미웠다.

2) | ㅂ | | 을 들여다보다.

▶ 속마음을 환히 꿰뚫어 보다.

예) _____을 들여다보는 줄 까맣게 모르고 있었다.

3) | | 이 깎이다.

▶ 체면이 손상되다.

예) 그 일로 인해 ____이 깎일까봐 걱정했다.

4) | | 벗고 나서다.

▶ 적극적으로 나서다

예) ____ 벗고 나서줘서 고마워.

5) | ㅅ | | 에 서다.

▶ 세상에 나가 제구실을 톡톡히 해내거나 상당한 지위에 올라서다.

예) 열심히 노력하던 영수가 _____에 서서 다시 우리를 찾아왔다.

6) | ㄴ | ㄱ | | 세상.

▶ 덧없는 세상을 이르는 말.

예) 그저 한 번 살아보는 _____ 세상인 것을.

빈칸에 알맞은 말을 쓰시오.

1) 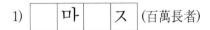 (百萬長者)

▶ 재산이 매우 많은 사람. 또는 아주 큰 부자.

2)  (代代孫孫)

▶ 오래도록 내려오는 여러 대.

3) 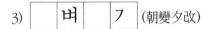 (朝變夕改)

▶ 아침저녁으로 뜯어고친다는 뜻으로, 계획이나 결정 따위를 일관성이 없이 자주 고침을 이르는 말.

4) ㅈ ㅈ   (芝蘭之交)

▶ 지초와 난초의 교제라는 뜻으로, 벗 사이의 맑고도 고귀한 사귐을 이르는 말.

5) 도 ㅅ   (東奔西走)

▶ 동쪽으로 뛰고 서쪽으로 뛴다는 뜻으로, 사방으로 이리저리 몹시 바쁘게 돌아다님을 이르는 말.

6)  (大同小異)

▶ 큰 차이 없이 거의 같음.

빈칸에 알맞은 말을 쓰고 문장을 지으시오.

1)

▶ 울퉁불퉁한 곳이 없이 평평하고 비스듬하다.

작문)_____

2)

▶ 들은 대로 본 대로 이러저러한 말을 아무렇게나 늘어놓다.

작문)_____

3)

▶ ① 마음이 허전하고 서운하다. ② 짜임새나 단정함이 없이 느슨하다.

작문)_____

4)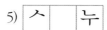

▶ 말하거나 웃을 때에 두 볼에 움푹 들어가는 자국.

작문)_____

5)

▶ 날카롭게 쏘아보는 눈초리를 비유적으로 이르는 말.

작문)_____

6)

▶ 겁이 많고 어리석으며 다부지지 못하여 어수룩하고 얼빠져 보이는 사람을
낮잡아 이르는 말.

작문)_____

날짜 :

맞힌 개수 :

빈칸에 알맞은 말을 쓰시오.

1) 저 　자　　 멋에 산다.

▶ 사람은 누구나 자기가 남보다 잘났다고 생각하며 산다는 말.

2) 　　 먹던 　히　 이 다 든다.

▶ 무슨 일이 몹시 힘듦을 비유적으로 이르는 말.

3) 　　ㅅ　 가 　화　　 를 따라가면 다리가 찢어진다.

▶ 힘에 겨운 일을 억지로 하면 도리어 해만 입는다는 말.

4) 달팽이가 　ㅂ　　 를 건너다니

▶ 도저히 불가능한 일이라 말할 거리도 안 된다는 말.

5) 낮말은 　ㅅ　 가 듣고 밤말은 　　 가 듣는다.

▶ ① 아무도 안 듣는 데서라도 말조심해야 한다는 말. ② 아무리 비밀히 한 말
이라도 반드시 남의 귀에 들어가게 된다는 말.

6) 　　 묻은 개가 　　 묻은 개를 나무란다.

▶ 결점이 있기는 마찬가지이면서, 조금 덜한 사람이 더한 사람을 흉볼 때에 변
변하지 못하다고 지적하는 말.

날짜 :

맞힌 개수 :

빈칸에 알맞은 말을 쓰시오.

1) 그 일에 관해서 　ㅎ　　　하기로 했다.

▶ 입을 다문다는 뜻으로, 말하지 아니함을 이르는 말.

2) 아기가 드디어 　ㅂ　　ㅇ　를 시작했다.

▶ 배를 바닥에 대고 기어가는 일.

3) 그는 　ㅁ　ㄹ　　을 삼키며 하늘을 바라보았다.

▶ 애가 타거나 긴장하였을 때 입 안이 말라 무의식중에 힘들게 삼키는 아주 적은 양의 침.

4) 어떤 　도　　ㄹ　에 들어갈지 결정하지 못했다.

▶ 같은 뜻을 가지고 모여서 한패를 이룬 무리.

5) 너의 　ㅊ　ㄷ　　ㄹ　하는 것도 이제 지친다.

▶ 남의 자잘한 일을 보살펴서 도와줌. 또는 그런 일.

6) 그는 지치고 　ㅊ　　하　모습이었다.

▶ 겉모양이 깨끗하지 못하고 생기가 없다.

날짜 :

맞힌 개수 :

빈칸에 알맞은 말을 쓰시오.

7) ☐☐|ㄴ|ㄷ|의 시기를 잘 보내야 한다.

▶ 몹시 빠르게 부는 바람과 무섭게 소용돌이치는 물결.

8) 감자를 |ㅅ|☐| 해서 먹곤 했다.

▶ 떼를 지어 남의 과일, 곡식, 가축 따위를 훔쳐 먹는 장난.

9) 정수는 |마|☐|ㄷ|이다.

▶ 둘 이상의 아들 가운데 맏이가 되는 아들.

10) 그것은 아무도 생각하지 못한 ☐|ㅁ|☐|☐|이었다.

▶ 어리석은 질문에 대한 현명한 대답.

11) 그런 |어|☐|ㅅ|☐|는 들을 필요가 없다.

▶ 조리가 닿지 아니하는 말.

12) 요즘 하는 ☐|래|☐|질|이 꽤 효과가 좋다.

▶ 더운 모래를 이용하는 찜질. 몸에 열이 나게 하고 땀을 흘리게 하며 피부에 자극을 주어 단련하는 효과가 있다.

날짜 :

맞힌 개수 :

빈칸에 알맞은 말을 쓰시오.

(1)			(2)		
		(3)			(4)
(5)		(7)			
				(6)	
(8)				(9)	

가로 풀이

(1) 보기에 아슬아슬할 만큼 높거나 까마득할 정도로 멀게.
(3) 개인이 사사로이 차지하는 몫.
(7) 의기나 기세 따위가 사그라지고 까라짐.
(8) 물속으로 잠겨 들어감. 또는 그런 일.
(9) 밖으로 출입을 아니 하려고 방문을 닫아 막음.

세로 풀이

(2) 이슬이 채 마르지 않은 이른 아침.
(4) 수치와 모욕을 아울러 이르는 말.
(5) 한데에서 자는 잠.
(6) 바느질할 때 불에 달구어 천의 구김살을 눌러 펴거나 솔기를 꺾어 누르는 데 쓰는 기구. 쇠로 만들며 바닥이 반반하고 긴 손잡이가 달려 있다.

NOTE

정답

제1강

관용구 · 6쪽
1) 하는
2) 귀
3) 바다
4) 다름
5) 발동
6) 찬바람

고사성어 · 7쪽
1) 권선징악
2) 막무가내
3) 섬섬옥수
4) 고사성어
5) 개과천선
6) 배수진

고유어 · 8쪽
1) 매지구름
예_매지구름이 뜬 하늘을 보니 걱정이 앞섰다.
2) 타고나다
예_그건 타고난 성품이라 어쩔 수 없어.
3) 하루바삐
예_하루바삐 서둘러야 그곳에 도착할 수 있을 거야.
4) 차지다
예_쌀이 좋아 밥이 차지고 맛있다.
5) 아귀힘
예_아귀힘이 약해 곧잘 놓치곤 하여 핀잔을 듣기 일쑤였다.
6) 칼바람
예_매서운 칼바람이 불고 있어 밖에 나가기 무서웠다.

속담 · 9쪽
1) 자식
2) 막다른
3) 날벼락
4) 하늘
5) 타고난
6) 차, 포

만점어휘 · 10~11쪽
1) 편중
2) 추방
3) 농도
4) 타당성
5) 무기질
6) 수요
7) 치유
8) 하직
9) 비범한
10) 참조
11) 부팅
12) 덤덤히

어휘퍼즐 · 12쪽

(1)날	(2)벼	락		(5)타
	슬	(3)직		당
		(4)유	관	성
(6)권	선	징	(7)악	
		(8)수	취	

105

제2강

관용구 · 13쪽
1) 청운
2) 콩
3) 마른벼락
4) 전화통
5) 삼단
6) 앞뒤

고사성어 · 14쪽
1) 파란만장
2) 다다익선
3) 백년대계
4) 아전인수
5) 다사다망
6) 마이동풍

고유어 · 15쪽
1) 파근하다
예_어제 짐을 많이 날랐더니 파근하고 머리가 무겁다.
2) 마냥
예_그렇게 마냥 좋아하고 있을 때가 아니다.
3) 지끈지끈
예_ 머리가 지끈지끈 아파서 좀 쉬어야 겠다.
4) 잔겨를
예_그런 잔겨를할 시간에 다른 일을 좀 하렴.
5) 자국눈
예_밤새 함박눈이 내릴 줄 알았는데 다행히 자국눈이다.
6) 마나님
예_우리 집 마나님이시다.

속담 · 16쪽
1) 적, 백
2) 칼, 물
3) 앵무새
4) 단풍
5) 나, 남
6) 중간, 작은

만점어휘 · 17~18쪽
1) 후환
2) 고비
3) 분신
4) 반출
5) 현혹
6) 큐레이터
7) 걸작
8) 일률적
9) 쾌유
10) 슬하
11) 귀띔
12) 해제

어휘퍼즐 · 19쪽

(1)분	(2)신				
	(3)세	(4)고		(6)경	
		(5)비	몽	사	몽
(7)다	다	익	(8)선		(10)효
			(9)수	라	상

관용구 · 20쪽
1) 콧등
2) 사돈
3) 되지도
4) 눈
5) 트집
6) 하늘

고사성어 · 21쪽
1) 애이불비
2) 쾌도난마
3) 부귀영화
4) 온고지신
5) 비분강개
6) 두문불출

고유어 · 22쪽
1) 헛똑똑이
예_ 알고 보니 그 애는 그냥 헛똑똑이일 뿐이다.
2) 시름없다
예_과제는 하지 않고 왜 시름없이 앉아 있나?
3) 자질구레하다
예_자질구레한 물건을 다 치워야 정리를 할 수 있다.
4) 자란자란하다
예_찻잔에 찻물이 자란자란하다.
5) 바라지
예_ 정성을 다해 바라지하여 주서서 감사합니다.
6) 날밤
예_고민에 빠져 결국 날밤을 세우고 말았다.

속담 · 23쪽
1) 차면
2) 앉은뱅이
3) 말똥
4) 소, 닭
5) 나무
6) 신주

만점어휘 · 24~25쪽
1) 탄식
2) 개요
3) 구애
4) 맹렬히
5) 교육적
6) 상습적
7) 추월
8) 해수면
9) 넌지시
10) 경악
11) 고령화
12) 구호

어휘퍼즐 · 26쪽

(1) 평	(2) 원			
	(3) 구	로	(7) 순	
			(6) 해	어	화
(11) 가				
(8) 온	고	지	(9) 신	(10) 슬
			묘	하

제4강

고사성어 · 28쪽
1) 타산지석
2) 애지중지
3) 대성통곡
4) 다정다감
5) 낙화유수
6) 남가일몽

고유어 · 29쪽
1) 고샅
예_시간이 있어 고샅을 걸었다.
2) 통밀다
예_모두 통밀어 생각하면 조금 손해를 본 것 같다.
3) 내친걸음
예_내친걸음에 끝까지 해보려고 합니다.
4) 동뜨다
예_그의 실력이 다른 이들에 비해서 동뜨다.
5) 언구럭
예_그런 언구럭에 속아넘어가지 않을 것이다.
6) 품앗이
예_내일은 품앗이를 하러 가야 한다.

속담 · 30쪽
1) 사람, 배운다
2) 사촌, 배
3) 도둑, 개
4) 태산
5) 춘풍, 추풍
6) 송아지

만점어휘 · 31~32쪽
1) 액운
2) 발화점
3) 무춤
4) 정제
5) 평상심
6) 강경한
7) 허리춤
8) 무릇
9) 부인
10) 약조
11) 교감
12) 자립

어휘퍼즐 · 33쪽

(1)낙	(2)화	유	수		
	(3)덕			(5)회	
		(4)언	중	유	골
(7)경	로	(8)석		(9)경	(10)질
		사			서

제5강

관용구 · 34쪽
1) 찬밥
2) 크나
3) 덕
4) 키
5) 말
6) 마침표

고사성어 · 35쪽
1) 자강불식
2) 백골난망
3) 박장대소
4) 남부여대
5) 일사불란
6) 와신상담

고유어 · 36쪽
1) 서늘하다
예_완성된 기계를 만져보니 서늘한 기운이 있다.
2) 시나브로
예_낙엽이 시나브로 떨어져 나뭇가지가 앙상하다.
3) 쿨렁쿨렁
예_페트병에 담긴 물이 쿨렁쿨렁 소리가 난다.
4) 허드레
예_이것은 그냥 허드레다.
5) 타끈히
예_ 그녀는 간곡한 부탁에도 타끈히 외면했다.
6) 치뜨다
예_ 그녀는 심기가 불편했는지 눈을 치뜨며 말했다.

속담 · 37쪽
1) 반찬
2) 밥상
3) 계단
4) 멀리서
5) 밥, 장
6) 기역

만점어휘 · 38~39쪽
1) 태초
2) 일대기
3) 어조
4) 설익은
5) 점자
6) 일화
7) 창제
8) 딥적딥적
9) 자생
10) 문화적
11) 밀접
12) 길치

어휘퍼즐 · 40쪽

(1)윤	(2)허				
	(3)실	(4)소		(6)경	
		(5)초	로	인	(7)생
					면
(8)녹	읍		(10)소		부
		(9)흑	치	상	지

109

제6강

(1) 이	(2) 사	금		(3) 우	
	리			문	
			(4) 발	현	
(5) 배				답	
(6) 수	원	수	(7) 구		(8) 고
진			실		뿔

제7강

어휘퍼즐 · 54쪽

(1)아	(2)우				(6)파
	(3)화	엄	(4)경		란
			로		
			(5)사	마	(7)귀
(8)합			상		빈
(9)가	갸	날			

제8강

어휘퍼즐·61쪽

(1)노	(2)폐	물		(3)삼
	물			순
		(4)먹	구	름
(5)상			식	
(6)위	편	삼	(7)절	(8)계
어			세	록

제9강

고유어·64쪽
1) 함치르르
예_강아지의 털이 함치르르하다.
2) 저지레하다
예_남의 일에 나서서 저지레하더니 결국 혼나는구나.
3) 알음알이
예_밤새 고민한 끝에 알음알이로 하루 일찍 접수하기로 했다.
4) 덧없다
예_앞만 보고 달리다가 문득 뒤돌아보니 처음으로 덧없다.
5) 곁다리
예_그냥 곁다리로 온 사람들이야.
6) 해거름
예_해거름에 잠시 산책했다.

어휘퍼즐·68쪽

(1) 무	(2) 서	리		(3) 왈
	술		(4) 가	호
			왈	
(5) 관			부	
(6) 용	두	사	(7) 미	(8) 부
구			로	화

제10강

관용구 · 69쪽
1) 죽기
2) 주체
3) 셀
4) 뒤
5) 뚜껑
6) 뒷다리

고사성어 · 70쪽
1) 문방사우
2) 기고만장
3) 골육상쟁
4) 괄목상대
5) 권모술수
6) 붕우유신

고유어 · 71쪽
1) 속절없다, 예_어떤 반격도 하지 못하고 속절없이 당하고 말았다.
2) 꾀바르다, 예_그 아이가 어찌나 꾀바른지 몰라서 그래.
3) 해찰하다, 예_해야 할 일은 하지 않고 해찰만 하고 있어서 그래.
4) 화들짝, 예_문이 갑자기 활짝 열리자 그는 화들짝 놀라고 말았다.
5) 마파람, 예_마파람이 불면 상쾌한 기분이 든다.
6) 무두질, 예_아직 무두질을 하지 않아서 거칠고 뻣뻣하다.

속담 · 72쪽
1) 똥
2) 침, 말
3) 본전
4) 도둑, 발
5) 곳간
6) 아이, 찬물

만점어휘 · 73~74쪽
1) 간결한
2) 뇌파
3) 대단원
4) 전지적
5) 언저리
6) 자칭
7) 논리
8) 수필
9) 연거푸
10) 비축
11) 산허리
12) 다분히

어휘퍼즐 · 75쪽

(1)부	(2)화	뇌	(3)동	
	룡	(6)태	무	(7)심
	점			사
	(4)정	나	(5)미	숙
			속	고
(8)몽	중	몽		

114

제11강

관용구 · 76쪽
1) 뒷길
2) 얼굴
3) 발
4) 뜸
5) 두고
6) 뜨거운

고사성어 · 77쪽
1) 논공행상
2) 누란지위
3) 남존여비
4) 다기망양
5) 대의명분
6) 오비삼척

고유어 · 78쪽
1) 정갈스레, 예_음식이 정갈스레 담겨 있었다.
2) 허둥허둥, 예_어딜 그리 허둥허둥 뛰어가니?
3) 칙살맞다, 예_말투가 거칠고 칙살맞은 태도에 그만 질리고 말았다.
4) 배젊다, 예_그 사람에 비하면 너는 배젊다.
5) 손시늉, 예_그는 말은 하지 않고 손시늉만 했다.
6) 떠대다, 예_묻는 말에 대답은 하지 않고 그저 떠대기만 했다.

속담 · 79쪽
1) 간장국
2) 마음
3) 입추
4) 똥
5) 말
6) 큰

만점어휘 · 80~81쪽
1) 애잔한
2) 비하
3) 중수필
4) 재난
5) 본고장
6) 관조적
7) 감흥
8) 소재
9) 공유
10) 죄책감
11) 옹호
12) 가치관

어휘퍼즐 · 82쪽

(1)드	맑	(2)다		(5)계
	락			란
				유
(3)삭	(4)정	이	(6)골	(7)육
	수	(8)선		로
	리	똥		

제12강

관용구 · 83쪽
1) 뒷맛
2) 세상
3) 말
4) 약
5) 보는
6) 어제

고사성어 · 84쪽
1) 가담항설
2) 고립무원
3) 고식지계
4) 난공불락
5) 취사선택
6) 지행합일

고유어 · 85쪽
1) 치살리다, 예_그렇게 치살리면 오만해져서 문제가 생길 거야.
2) 서늘바람, 예_무척 덥더니 이제 서늘바람이 분다.
3) 친친하다, 예_소나기를 맞아 친친한 옷을 어서 갈아입고 싶었다.
4) 허릿물, 예_깊이는 허릿물 정도로 걱정하지 않으셔도 됩니다.
5) 자투리, 예_이것은 자투리 천조각으로 만들었습니다.
6) 큰마음, 예_속좁게 생각하지 말고 큰마음으로 이해하자.

속담 · 86쪽
1) 크면, 작다
2) 벌초
3) 백지장, 물
4) 벼룩
5) 오줌
6) 침, 지네

만점어휘 · 87~88쪽
1) 예시
2) 잠복
3) 올가미
4) 문단
5) 몰상식
6) 경수필
7) 공경
8) 무지
9) 비탈
10) 진저리
11) 설경
12) 원동력

어휘퍼즐 · 89쪽

(1) 고	(2) 무	래		(4) 낭	(5) 만
	미				수
	(3) 건	초			무
(9) 연	조		(7) 홍		강
			일		
(6) 복	종		(8) 점	호	

116

제13강

고유어 · 92쪽

1) 알량하다, 예_그런 알량한 선물로는 마음이 풀리지 않는다.
2) 곰비임비, 예_곰비임비 들어오는 통에 화장실 갈 시간도 없이 바빴다.
3) 허섭스레기, 예_끝날 시간이라서 그런지 허섭스레기들만 남았다.
4) 억수장마, 예_억수장마가 와서 습하니 제습기를 구입하도록 하자.
5) 소금버캐, 예_소금버캐는 모두 골라내야 한다.
6) 조붓이, 예_저기 조붓이 난 길로 걸어가시면 됩니다.

어휘퍼즐 · 96쪽

(1)유	(2)명	무	(3)실		(4)반
	화		언		의
					지
(5)연	(6)화		(8)지		희
	로		렛		
			(7)대	단	원

제14강

관용구 · 97쪽
1) 뒷짐
2) 뱃속
3) 낯
4) 발
5) 세상
6) 나그네

고사성어 · 98쪽
1) 백만장자
2) 대대손손
3) 조변석개
4) 지란지교
5) 동분서주
6) 대동소이

고유어 · 99쪽
1) 민틋하다, 예_저기 민틋한 언덕 위에 피어 있는 작은 꽃을 보라.
2) 주워섬기다, 예_주워섬기는 말을 그대로 믿어서는 안 된다.
3) 허수하다, 예_친했던 친구가 전학가고 나니 쓸쓸하고 허수하다.
4) 보조개, 예_보조개가 쏙 들어가는 얼굴이 매력적이다.
5) 송곳눈, 예_몹시 화가 났는지 송곳눈으로 쏘아보았다.
6) 얼뜨기, 예_감히 얼뜨기라고 말하다니 무례하시군요.

속담 · 100쪽
1) 잘난
2) 젖, 힘
3) 뱁새, 황새
4) 바다
5) 새, 쥐
6) 겨, 똥

만점어휘 · 101~102쪽
1) 함구
2) 배밀이
3) 마른침
4) 동아리
5) 치다꺼리
6) 추레한
7) 질풍노도
8) 서리
9) 맏아들
10) 우문현답
11) 억지소리
12) 모래찜질

어휘퍼즐 · 103쪽

(1)아	스	라	(2)이		
			슬		
			(3)아	람	(4)치
(5)한		(7)소	침		욕
덧				(6)인	
(8)잠	수			(9)두	문

118

함께 해요

김선생 국어맘

http://cafe.naver.com/kimstud

정답은 위 사이트에서 다운로드 받으실 수 있습니다.
출간 이후 발견되는 오류는 위 사이트를 통해 알려드리고 있습니다.

김선생 중등국어 어휘력 연습장 A단계

초판 3쇄 발행 | 2024년 1월 1일
지은이 | 김지연
펴낸이 | 김지연
펴낸곳 | 마음세상
주 소 | 경기도 파주시 한빛로 70 515-501
신고번호 | 제406-2011-000024호
신고일자 | 2011년 3월 7일

ISBN | 979-11-5636-135-0 (53700)

원고 투고 | maumsesang2@nate.com

* 값 14,500원
* 이 책은 저작권법에 따라 보호 받는 저작물이므로 무단 전재와
복제를 금지합니다. 이 책의 내용 전부나 일부를 이용하려면 반
드시 저자와 마음세상의 서면 동의를 받아야 합니다.